JN327327

パッとしない私が、「これじゃ終われない」と思ったときのこと

「生きる意味」のつくりかた

上田紀行

GENTOSHA

ブックデザイン　石川直美（カメガイ デザイン オフィス）
DTP　美創
協力　轡田早月
編集協力　ヴュー企画

はじめに

「頑張っているのに、どうして理解してもらえないんだろう？」

「努力しているのに、どうして報われないんだろう？」

「必死に生きているのに、どうして幸せになれないんだろう？」

「――でも、自分の人生、このままじゃ終われない！」


この本は、そんな思いを抱いている人に、ぜひ読んでいただきたいメッセージが詰まっています。

私自身、幼少期から多くのコンプレックスと不満を抱え、20代の頃は非常にネガティブで、「自分はこのままじゃ終われない」という焦《あせ》りに常にさいなまれていました。だからこそ、同じような思いを抱えた人の気持ちが痛いほどよくわかります。

実は、そうした思いこそが、未来を切り拓《ひら》く一歩になるのです。

「もういい歳《とし》だから」

「今さら変われない」

よくそんなふうにあきらめてしまう人がいますが、自分自身の生き方を問い直すことで、人は何歳からでもスタート地点に立つことができますし、何歳になっても成長し続けていきます。

私はこれまで『生きる意味』（岩波新書）、『生きる覚悟』（角川ＳＳＣ新書）、『肩の荷』をおろして生きる』（ＰＨＰ新書）など、「生きる」と冠した本を何冊も上梓し、「生きる」ということの本質を問い続けてきました。

そこに一貫して流れているのは、この時代に生きる私たちが、「どうしたら幸せになれるのか？」という思いです。

本書では、それらの本に込めた思想のエッセンスを、より幅広い世代の読者の方々に向けてお伝えしていきます。

私たちが生きる社会の中で当たり前のように流通している「効率」「数字」「得」「承認」「周りの空気」といった呪縛に疑問を投げかけ、当たり前のように語られている「愛」「癒《いや》し」「自分」「未来」といったキーワードの本質をじっくり問い直しています。

「あなたがうまくいかないのは誰かのせいですか？」

「景気が回復すれば幸せになれますか？　寿命が延びれば幸せになりますか？」

「愛が自分の体からこんこんと湧き出てくるのを感じることができますか？」

「恥ずかしいのは世間に対して？　それとも自分自身に対して？」

本書の各項に記されたたくさんの疑問符を、ぜひあなた自身の心に深く投じてください。

きっと、そこからあなたの未来が大きく拓けていくはずです。

２０１５年春

上田　紀行

目次

Chapter 1

未来は切り拓くもの

Chapter 2

パワータンクを充填する

Chapter 3

向こうから来ることを楽しむ

Chapter 4

ぶれることを恐れない

Chapter 5

ニコニコ笑って生きなくてもいい

Chapter 1

未来は切り拓くもの

1

「自分はこれじゃ
終わらないぞ——」と
心の中で
つぶやいていませんか?

1

苗木を1本ずつ植えてはげ山を緑にするように

人は年齢を経るごとに、「自分の人生に与えられたのはこの程度で、まあこれ以上でもこれ以下でもないんだろうな……」という感覚が強くなってきます。

しかし、もしそこで「いやいや！　オレはこれじゃ終わらないぞ！」という内なる声が湧き上がってくるのを感じるなら、あきらめることはありません。

人間はいくつになってもチャレンジできるし、変わることができます。

スリランカでフィールドワークをしていた20代後半のとき、私はある日本人のおじいさんと現地で知り合い、そのことを強く実感しました。

聞けば、そのおじいさんは元モーレツサラリーマンで、ようやく定年退職を迎えてのんびり余生を送る予定だったそうです。

ところが、毎日家でゴロゴロしていると奥さんにたいそう煙たがられ、夫婦水入らずの余生を断念した彼は、散歩中に偶然目にした海外シルバーボランティアに応募して、はるばるスリランカくんだりまで単身でやってきたというのです。

植木が趣味だった彼に命じられたのは、はげ山に苗木を植林するという仕事でした。一人黙々と作業をしていると、現地の若者たちが「じいちゃん手伝うよ！」と参加してくれ、作業が完了すると盛大なパーティまで開いてくれたそうです。

そして、半年間の任期を終えて帰国する彼に、若者たちは口々にいいました。

「じいちゃん、今度はいつ来るの？　ぼくたち待ってるよ！」

かけねなしに慕ってくれる若者たちに心打たれた彼は、日本で資金を募り、その後もスリランカを訪れては植林のボランティア活動を自腹で続けているのだとか。何年もかけて植林しているはげ山を指さし、彼は目を輝かせていいました。

「あと10年、あの山のあそこまで苗木を植えるつもりなんだ。人はいくつになっても夢をスタートできるんだよ」

私は当時まだ20代でしたが、彼のように還暦を過ぎてからも、新たな夢に賭《か》けることができるという事実に大いに勇気づけられました。

私自身、20代前半の頃は絶不調で、「こんなはずじゃない……。ぼくの人生、こんなんじゃ終われないや」という非常に切実な気持ちでいっぱいだったのです。

――遡《さかのぼ》れば、私は物心ついた頃からぱっとしない子どもでした。

幼稚園の頃から40キロ以上ある肥満児で、ジャングルジムも登れず、お遊戯で「右手を上げて」といわれれば間違って左手を上げるという反応の鈍さ……。何をしても冴えない子だったのです。

運動会のかけっこのときなどは、「きっと女子からは、デブが走っていると笑われているんだろうな」と自分の醜態を自覚しながら、まるで絶望に向かって突進するようなみじめな気持ちで、ゴールに向かっていました。

10代の頃もずっと、自分なんて成績しかとりえのない、みっともなくてダサイやつなんだというコンプレックスを抱えて生きていたのです。

中高一貫の男子校に通っていたので、周りには女子がいません。大学生になってから、女性の扱いを心得ている共学出身男子をうらやましく思いましたが、もし傷つきやすい思春期に男女共学に通っていたら、もっと悲惨な10代を過ごしていたでしょう。今でこそ、「愛と思いやりを流通させよう」とか「絆《きずな》を大切にしよう」などといっていますが、その頃は自分が発揮できていないという不満のかたまりで、とてもネガティブでした。

そんな自己信頼の低い、イケてない若者だったので、20代の頃はずっと「自分はこのままじゃ終われない」という焦りで常にチリチリしていました。

生きている以上は、世の中に何かを生み出して一石を投じたいという思いが、当時の自分の中に強烈にあったのです。

ターニングポイントになったのは、『覚醒のネットワーク』という本を書いて世に送り出したことでした。今では笑い話ですが、その本が出ることになったとき、自分の本が出版されるのをきちんと見届けないことには犬死になると思い、電車のホームを歩くときも、うっかり落ちないようにと真ん中しか歩きませんでした。

それほどまで、「社会に何かを生み出したい」という気持ちが強かったのです。

私にとって「このままじゃ終われない」という思いに衝《つ》き動かされて自分の未来を切り拓くきっかけになったのは、1冊の本だったわけですが、どんな仕事でも、まず一歩踏み出すことで、未来を切り拓くことができるはずです。

いきなり大きな仕事を成功させることはできないかもしれませんが、一つひとつ積み重ねていくことで、「自分はこれじゃ終わらないぞ」という思いを成就させることができるのではないでしょうか。

スリランカで植林をしていたあのおじいさんが、苗木を1本1本植えることで、はげ山の緑を回復するという夢を体現していたように、たとえ人生の終盤にさしかかっていても、自分の人生をそこで終わらせず、未来につなげていくことが可能だと私は思っています。

2

あなたが
うまくいかないのは
誰かのせいですか？

2

世の中の被害者ではなく世の中に何かを生み出す創造者になる

「私は親のせいでダメ人間になってしまった」

「私はあの先生のせいで人格を歪《ゆが》められた」

「私はこの会社のせいで人生を狂わされた」

40代や50代や60代になっても、そんなふうに誰かや何かのせいにする人が大勢いますが、私たちの成長を大きく阻むのは、「私は被害者である」「私は犠牲者なのだ」という意識です。


誰かのせいにすれば、自分がうまくいかないときに「私が悪いわけじゃない。あいつが悪いんだ」といういいわけにでき、責任を逃れることができます。

しかし、問題が起きるたびに「誰かのせい」というポイントで思考停止してしまうので、何も解決せず、その人自身も前に進めません。

たとえ親の育て方に問題があったとしても、成人して既《すで》に親の権力の外で生きられる状況になっていたり、自分自身も人の親になっているのなら、いつまでも親のせいにしていることの愚かさに気づくべきです。

また、もし社会のせいで自分が許し難い被害を被ったと思うなら、その社会システムを変えていくように働きかけるなり、周囲のサポートを求めて何かしらの行動を起こしていくべきでしょう。

一番よくないのは、自分では何も意識を変えず、行動も起こさないまま、漫然とした被害者意識を持ち続けることです。

実際に親や先生や上司や会社や社会に大きな問題があったのがまぎれもない事実だとしても、自分自身がよくなりたいと思うなら、被害者意識から脱却して、自分が少しでも幸せになる方向へと歩みを進めていくべきです。

Q

たまには、「あいつが悪い！」と愚痴をいってガス抜きをすることも必要かもしれませんが、いつも愚痴ばかりいっている人と一緒にお酒を飲んだとしてもあまり楽しくないですよね？

ストレスを発散した後は、一歩前に進む努力をするべきでしょう。「私は被害者」と思うことは、自分の無力感を認めることにもなるので、どんなに愚痴をいっても、結局は寂しい気持ちになってしまいますから。

自分ではそんなつもりはなくても、いつの間にか「自分がこんなに忙しいのは、職場が悪い」「どんなに働いても貧乏なのはこの国が悪い」などと誰かや何かのせいにして自分をなぐさめ、無意識に「私は被害者」というポジションにすがっている場合があります。

「私は被害者なのか？」あるいは「私は何かを生み出す創造者なのか？」ということを、折に触れてかえりみるようにしましょう。どんな小さなことでも何か一つクリエイトすることで、被害者意識を脱却できます。

3

人の欲しがるものや人がうらやむものを手に入れれば幸せですか?

3

「生きる意味」を一人ひとりオーダーメイドする時代がやってきた

「他人の欲しがるものを、あなたも欲しがりなさい」

一昔前は、多くの人がそうした発想で行動していました。

例えば「三種の神器」と呼ばれた洗濯機、炊飯器、冷蔵庫や、「3C」と呼ばれたカラーテレビ、クーラー、カーなど、みんなが欲しがるものを自分も手に入れることで満足していました。

その頃は、男性の会社員であれば、どんなウィスキーを飲んでいるかということが、その人の地位を象徴していたりもしました。トリスに始まり、レッド、角瓶とあがり、課長クラスになるとオールドに、部長クラスになるとリザーブになり、重役クラスになると山崎をチビチビやりながら退職する、というのがお決まりのコースだったわけです。

今も、大勢が憧れるけれど手に入らないもの、学歴、ステイタスを手に入れることが幸せに直結すると考える人が多くいますが、右肩上がりの時代のように、他人の欲しがるものを求めていても幸せにはなれません。

他人が欲しがるものを自分も欲しがるということは、他人の欲求を生きていることになります。

その最たるものがお金です。

例えば1万円札という紙幣の製造原価は数十円です。でも、それを1万円と思うのは、他者が1万円として認めているからです。

もしもある日、「1万円札にはもう価値なんかない」と他者がこぞっていいだせば、その日から1万円札はただの紙くずになります。

1万円よりも10万円、10万円よりも100万円が欲しくなるのは、他者の欲求を溜《た》め込んでいるのです。同様に、より高い偏差値を求めるのも、ハイレベルな

3

学校に憧れる他者の欲求を生きているのです。

「100万円貯めることは自分にとってどういう意味があるのか？」「偏差値をあげることは自分にとってどんな価値があるのか？」ということを考えず、ただお金を貯めていい学校に行くという他者の欲求を生きていても、幸せにはなれません。

「他人がうらやむような豪華な家で、他人がうらやむような見栄えのするパートナーと暮らせば人生の勝ち組になれる」といった他者基準の発想をしている限り、どんなに人にうらやましがられたとしても、自分自身が心から満たされることはないでしょう。

他者が求めているものだけを欲しがって、他者の欲求を生きていると、自分が自分であることの意味がわからなくなってしまいます。

「自分が何を欲しているのか」ということは、その人の個性でもあります。

他者基準ではなく、自分で自分の生きる意味をオーダーメイドでつくったとき、あなたはあなたの価値がわかるはずです。

オーダーメイドといっても、何か特殊なものである必要はありません。

例えば家を新築する際に、「二世帯住居をつくれば親にも世間にも顔が立つな」と考えるのと、「親を大切にしたいから二世帯住居をつくろう」と考えるのでは、二世帯住居をつくることに変わりはありませんが、発想の原点が違います。

前者は他者基準で、後者は自分基準です。自分自身の欲求がオリジン（源）にあることが自分のオリジナリティ（独創性）になるのです。

4

あなたは本当におとなになっていますか？

子どもは一度死に、おとなとして再生する

子どもは、何かあっても親のせいにすることができ、責任を回避できますが、親の支配下に置かれ、自分の人生を親の意図に縛られます。

おとなは、何でも親のせいにすることはできず、言動に責任が問われますが、親の支配からは自由になります。

今の日本は、どちらかというと「子ども社会」です。自由に行動したいといいながら、すぐに親のせいにする人が多いからです。

世界各国の文化を見てみると、男性の場合は、どの社会にも子どもからおとなになる際の通過儀礼があります。そこでは、子どもは一度死に、おとなとして再生します。

この死と再生の儀式によって、子どもは親の支配を離れ、自分の人生を歩み出すのです。

このような通過儀礼は一般に男の子がおとなになる際によく見られます。例えばニューギニアやアマゾンの部族の例をあげると、村の衆によって親元から子どもが引き離され、断食をさせられたり、崖を登らせられたりしてビシビシ鍛えられます。見違えるように筋骨たくましくなったところで、成人の衣装をまとって親元に帰ってくると、「おおっ、こんなに立派なおとなになって！」と両親ともども大喜びで成人のお祝いをするといった通過儀礼が行われます。日本の武士の成人式に相当する「元服」も、そうした通過儀礼の一種といえます。

なぜそんなに大げさなことをするのかというと、女性の場合は、初潮や出産によって「これでおとなになる」「私は母親になる」と自分の成長をリアルに確信でき、そこで一人ひとりの儀式ができますが、男性は人生の区切りがあいまいで成長を実感しにくいからです。

そのため、男の子は成長しても、ずるずると子どもの状態を引きずってしまいます。そこで、男の子を親元から引き離して駆り集めることで、子どもである自分は死んだことにするのです。そして、鍛え上げておとなとして再生させるというドラマティックな通過儀礼を体験させることによって、「子どものオレはもう死んだ。オレはおとなになったんだ！」と実感させるわけです。

一般に男性が地位や名誉や社会的評価にやたらとこだわるのも、成長や生きている実感があいまいなので、社会的な確証を与えて欲しいからです。

女性は自分のお腹《なか》を痛めて子どもを産み出すという体験を通して、母親としての自信を持つことができます。しかし男性は、「あなたはこんなに重要ですよ」といってもらえないと自信が持てないのです。

ただ、近年は、女性も男性と変わらないキャリアを持ち、親もいつまでも過保護にする傾向があります。女の子にも、おとなとして再生するための通過儀礼が必要になってきているのではないでしょうか。

5

景気が回復すれば幸せになれますか？寿命が延びれば幸せになりますか？

数字信仰の時代から、人生の質を問う時代に

「1点でも高い点数を取っていい学校に行けば幸せになれる」
「1円でも多く儲けられれば幸せになれる」
「GNPがあがれば国民が幸せになれる」

日本が右肩上がりの時代には、「数字さえあげれば幸せになれる」ということをみなが信じていました。

確かに高度成長期にはそうした数字信仰によって、QOL（クオリティ・オブ・ライフ）が高まっていました。

しかし、今はもうかつてのような経済的な成長の伸び幅は望めないので、頑張れば数字も幸福度も右肩上がりになってQOLもアップするという状況ではあり

ません。

それどころか、数字を追い求めることで、うつになったり、過労死したり、ブラック企業やワーキングプア問題が浮き彫りになるなど、数字によってむしろ生命力が奪われ、人生の質の低下を招いています。

アベノミクスで景気が回復すれば、かつてのように数字が幸せに結びつくと考えている人もいるようですが、今はもはや数字の後から幸せが追いかけてくる時代ではありません。

また日本は、人生50年の時代から人生80年の時代になり、世界最長寿国といわれています。しかし、寿命が延びた分だけ幸せになったといえるのでしょうか。

大切なのは、寿命の長さより人生の質です。食べ物にたとえるなら、大きな器にまずいものが大量に入っているより、小さな器でもおいしいものが入っているほうが、はるかに満足度は高いのではないでしょうか。

寿命が延びた分だけ健康リスクも高まりますし、寿命が延びた分だけ誰かを幸せにできるのかということも考える必要があるでしょう。

満たされていない人は、やたらと大きな数字を追い求めたがりますが、満たされている人は、数字ではなく、その質を重視します。

数字は誰にとっても共通する意味があるものですが、誰にとっても意味のあることというのは、裏返せば私固有の意味にはなりえないということです。

だから、いくら数字を追い求めても、そこに自分なりの深い意味を持つことができないならば、どんなに数字を満たしても、自分の人生が満たされることはないのです。

6

「これさえやっていれば幸せ!」というものが何か一つでもありますか?

『釣りバカ日誌』のハマちゃんは21世紀社会の最強の人間像

「釣りさえやってりゃオレは幸せなんだ」

映画『釣りバカ日誌』のハマちゃんは、21世紀社会における最強の人間像ではないかと私は思います。ハマちゃんは少しもうだつが上がらないけれど、自分にとって「何が幸せなのか」ということをちゃんと見つけているわけですから。

「おいおい、たかが釣りじゃないか」と思われるかもしれませんが、ハマちゃんは「自分が生きる意味」をクリエイトし、「自分が生きる意味」の自立を成し遂げているという意味で、彼の何十倍稼いでも満たされないような人よりもずっと満たされているのです。

「これさえやっていれば幸せ!」

6

趣味の活動でも、社会的な活動でも、あれもこれもではなく、何か一つでも自分が幸せになる方法を持っている人は、今の時代にとても強い人です。

私が対談させていただいたダライ・ラマは「自分が楽しいことをする時間を多くすれば、自分を好きになれる」といっています。自分がわくわくすることを知っている人は、自分基準で判断できる人なので、人生の満足度が高い人です。

ただ、例えばお受験ママのように、自分の子どもを自分の思うように育てることに幸せを見出《みいだ》すのは、子どもに過度な負担がかかるのでやめましょう。

また、「これさえやっていれば幸せ」というのが本業だと、本業が傾いたときに逃げ場がなくなってしまいます。

ちなみに、ハマちゃんが幸せな理由はもう一つあります。それは、彼が何をしていれば幸せかということをよく理解し、温かく見守ってくれるパートナーがいることです。

パートナーや家族が理解してくれなければ、ハマちゃんのような生き方が幸せなものだとはいえなくなります。仮に理解までは示さずとも、幸せなことに口出しせず、好きにさせてくれるパートナーや家族がいれば問題ありません。

もしハマちゃんの女房が、「釣りなんてくだらない！　そんな暇があったらもっと働きなさい！」と、自分の価値観で相手を縛り、好きなことをする時間を阻止するような相手だったら、ハマちゃんもあんなふうには笑っていられなかったかもしれません。

自分自身が幸せになれるものを何か一つでも見つけることは大切ですが、自分が誰かの唯一の幸せを台無しにしていないかということも、かえりみる必要があります。

Chapter 2

パワータンクを充填する

7

自分で自分の可能性をディスカウントしていませんか？

7

自分の心のタンクが空っぽのときはネガティブな人を遠ざける

「オレもそんなこと考えていた頃があったけどさ、しょせんムリなんだよねぇ」

「まあ、頑張ったところで、結局実現しないもんなんだよ」

せっかく何かいいアイデアを思いついても、こんなふうに何でも否定的なことばかりいう人と一緒にいると、気が滅入《めい》ってしまいませんか？

こうした何でも差し引いて考える言動を「ディスカウント」といいます。ディスカウントが癖になっている人といると、どんどん落ち込んでいきます。

私もディスカウント状態だったことがあります。20代前半の頃に絶不調だったのは、そもそも何を目指して生きていいかわからなかったこともありますが、すべてをディスカウントしていたことにもよります。例えば友達と話が盛り上がっても、心の中ではいつももう一人の自分がつぶやいています。

「社会を知らないからそんな夢みたいなことがいえるんだよね」

「今は楽しいかもしれないけど、アパートに帰ればまた暗い自分に戻るんだよ」

私自身の中にも、こうしたディスカウントされた言葉が常にあり、友人と同病相憐《あわ》れむように長電話などをしていると、とことん落ち込みました。

そんなドツボの状態の中で、あるときはっと気づいたのです。

「今はパワーを充填《じゅうてん》する時期であって、こんなふうに落ち込んでいる時期じゃない。もっとわくわくするようなパワーに満ちあふれた人に会いに行こう」と。

そう決めてからは、友人から暗い声の電話があっても、「ごめんね。今、ぼくにはそれを聞くパワーがないんだ」といって、不毛な〝長電話落ち込みコース〟に陥るのを回避するようにしました。

そして、できるだけ自分が心地よいと感じる場所に行き、エネルギーのある人に接するように努めました。いつもわくわく楽しいことを考えている人と一緒にいると、そのわくわく感が伝染してきます。そしてパワーのある人、わくわくしている人は、ディスカウントをしていない人たちなのです。

アスリートが必死に健闘する姿を見て励まされたり、シンガーの歌を聴いて元気になったりするのに似ているかもしれません。そうした前向きなパワーが、ジャンルを超えて、自分が関心のあるジャンルを活性化するのです。

それを3年も続け、空っぽだったタンクを「生きていくことは楽しいことなんだ」というポジティブなエネルギーで充填できたとき、ようやく「あ、今なら友人の悩み話もまた聞けるな」と感じました。

もしあなたが自分はパワー不足に陥っていると思うなら、ネガティブな人は遠ざけ、自分がわくわくする場所や人だけを選んで過ごすようにしてみるのも一つの解決策になると思います。

8

自分が決定的に変わる体験をしたことがありますか？

8

転地でマイナスのスイッチを切り替える

私の中のパワータンクが空っぽだった20代前半の頃、ネイチャー系のサークルで初めて沖縄の竹富島を訪れ、自分が大きく開かれる体験をしました。

もう30年以上昔のことですが、そのときの光景は今も鮮明に憶《おぼ》えています。

どこまでも澄み切った珊瑚礁《さんごしょう》の海でシュノーケリングを楽しんでいた私は、それまで見たこともない美しい世界を目の当たりにし、心の中で絶叫していました。

「こんな世界があるんだ！　この美しさはどうしたって否定できない。これをディスカウントしたら、何が残るっていうんだ——」

1時間余り陶然と泳ぎ回り、民宿に一人帰った私は、窓辺で快い風に吹かれながら思いました。

「たった今まで泳いでいた美しい海はここからは見えないけれど、あの海は確実にある。視界から消えても、あの珊瑚礁の海は決して消えてなくならないし、何万年もの間、あそこで命を育んできた海は、ぼくが死んでもずっとあり続けるだろう」と。

たとえ今目の前になくても、あの圧倒的に美しい海を私は絶対に否定することはできない、世界には否定できない素晴らしいものがある、その感覚は何もかも割引してきた私にとって衝撃でした。

シチュエーションは異なりますが、思い起こせば、大学受験を終えて、春山へスキーをしに行ったときにも、これに少し似た体験をしました。

欧米のスキーヤーのように雪上にストックをクロスに挿し、そこに立てかけたスキー板に寝そべって、ぽかぽかした春の陽気を頬に感じながら、ぼおーっと空を仰ぎ見て思いました。「ああ、なんて満たされた世界があるんだろう」と。

思い返すと、自分の分岐点になるような印象深い体験をしたのは、たいてい旅先です。転地がきっかけになっているのです。

私は東京生まれ東京育ちなので、都内にいると、非日常感を得ることが極めて困難でした。街を歩くだけで、この映画館の前であの人と立ち話をしたなあ……とか、このレストランで彼女と食事をしたよなあ……などとフラッシュバックしてしまい、精神的な逃げ場がありません。

しかし、私にとっての沖縄の竹富島や雪国のスキー場は、そうした日常の記憶から解放される場所だったのです。

逆に他府県から東京に転地している人は、同じ東京に住んでいても非日常感を得られるかもしれません。

マイナスモードからスイッチを切り替えたいときは、旅や転居といった「転地」によって、いつもと違う風景、違う風、違う匂いに触れてみることをおすすめします。

9

苦悩すべきときに
ちゃんと
苦しんでいますか？

9

苦悩は自分の枠組みを変えるチャンス

わくわくすることで自分を変えることもできれば、逆に苦悩することで自分を変えることもできます。

苦悩の体験は、今までの枠を突き抜ける大きなチャンスです。この苦しみから逃れるためには、今までの枠組みではダメだと気づくきっかけになるからです。

そのためには、苦悩と向き合う必要があります。

「週末に温泉に行ってリフレッシュしたら解消できた」という程度の苦悩であれば、対症療法でも構いませんが、それでは解決しないような深い苦悩には向き合わなければなりません。

ただし、どんどん突き詰めていくことで自己破壊してしまうような苦悩とは距離を置いたほうがいいと思います。しかし、深掘りすることで乗り越えることができそうな苦悩には、きちんと向き合っていくことです。

距離を置くべきか、深掘りすべきか、その戦略の見極めは難しいけれど、失敗を恐れて苦悩に背を向けているだけでは成長できません。

苦悩すべきときに苦悩することは、自分がわくわくすることに気づくチャンスでもあります。なぜなら、苦悩の意味を探求していく中で、自分の真に求めているものがわかって、自分がわくわくすることを発見する可能性があるからです。

もし、自分がわくわくする世界と、自分の現実が大きく食い違ってしまったとしたら、その違和感と向き合うことで、自分が生きる意味を再構築することができます。違和感は「そろそろ生きる意味を考え直そう」というメッセージです。メッセージを察知したら、自分が成長する大きなチャンスととらえましょう。

10

肩にエイリアンを乗せていませんか？

自分が背負いたい肩の荷を背負うのはかっこいい

「うわっ、あの人も！　この人も！　肩に大きなエイリアンが乗っかっているのに、なんでみんな気づかないの⁉」

海外から帰ってきて都心に戻ってくると、いつもそんなふうに感じます。駅や電車内で出会う日本人があまりに暗く疲れた表情をしていたり、能面のような顔でスマホをいじったりしているからです。そんな様子を見ていると、人々が肩に重たいエイリアンを乗せて苦しんでいる、SF映画のワンシーンのような恐ろしい光景を思い浮かべてしまいます。

海外では日本より貧しい国々であっても、人々がもっと生き生きした表情をしているので、よけいにその落差を感じてしまうのです。

なぜ、日本人は肩に不気味なエイリアンのようなものを乗っけていることに気づかず、疲れた顔で生きているのでしょうか？

それは、人間性を阻害するような社会全体の軋轢《あつれき》を、「あなたの自己責任ですよ」といわれて、背負わされているからです。

かつて、右肩上がりの時代には、さまざまな重荷を背負わされていても、重荷に耐えただけの利得がそれなりに返ってきました。

しかし、今の時代は、たとえ勉強していい学校を出ても就活で挫折《ざせつ》したり、残業して働いてもリストラされるなど、重荷を背負わされてもそれに見合う利得が返ってきません。

社会全体がブラック企業化しているともいえ、一人ひとりの負荷は増えているのに、やってもやっても報われず、ただ疲れていくだけという悪循環の繰り返しになっています。

この問題を心理学のハウツーによって改善しようとしても、大きな負荷をそれだけでカバーすることはできません。

「頑張っているね」とほめられると、つらくても荷をおろすことができなくなり、かえって無理してしまう人も少なくありません。

逆に人に何かネガティブなことをいわれたときに、「こんなに頑張っているのに！」と怒りを覚えるとしたら、本当は持ちたくない荷物を背負って無理している証拠です。

ガチガチに肩が凝っているのにも気づかずに荷物を背負っている人もいますが、本当に限界を超えると、動けなくなってしまいます。

ただ、「自分が背負いたい荷物」をすすんで背負っているとしたら、どんなに重い負荷でも苦になりません。

自分の心身の状態にフィットした荷物なら、負担をあまり感じないからです。

背負わされている負荷はつらくても、背負いたい負荷なら、「自分はこんな重荷を担っているんだ」という誇りや自信につながり、頑張ることができます。

10

背負わされているエイリアンのような肩の荷をおろす勇気を持ち、自分がこれならぜひ背負いたいという肩の荷を選んで背負うことが大切です。

20代のときに背負いたくなかった荷物も、30代のときには背負いたくなっているかもしれませんし、40代のときには背負いたくなかった荷物を、50代のときに背負いたくなっているかもしれません。

まずは今自分がどんな荷物を背負わされ、どんな荷物を背負いたいと思っているのかを見極める必要があります。

いくつになっても、肩の荷をおろすことも、背負いたい荷物を背負うこともできますから。

11

「いいね！」がたくさんとれる程度の人間で済んでもいいですか？

11

私たちはいかに誰かから承認されたい動物か

日本人は昔から、神様や仏様のことを、自分とつながっていて、どこかから自分のことを見守ってくれている存在としてとらえています。

「私は世界から見守られており、見捨てられていない」というその感覚は、現代ではスマホやケータイが与えてくれるものになっていると感じます。

スマホやケータイは、何かを発信すれば必ず返事が来るので、自分を承認してくれる「自我の安定化装置」として機能しています。

以前、NHKの番組『現代ジャーナル』に出演した際、出会い系サイトの体験事例を聞いたことがあります。ある女性は、そこで出会った男性から1日に何通も「おはよう。今日も元気で会社に行こうね」「お昼ごはんは何？」といったメールをもらううちに、それが生活の一部になっていき、実際は会ったこともないのに、「彼と一緒に生きている」という感覚になったそうです。

結局、この女性は裏切られてすっかり男性不信になってしまったのですが、顔が見えない相手から1日に何度も語りかけられる携帯メールは「神様がいつも自分を見守ってくれている」という感覚に近いものがあります。

もう一つ、子持ちの主婦が出会い系サイトにはまった事例を紹介します。

彼女は顔も知らない相手にあれこれ相談すると、即座に的確な返信をくれるので、どんどんのめり込んでしまい、とうとう「相手が人間ではなく、人工知能でもいい」と思ったそうです。彼女にとって自分を承認してくれる存在は、もはや人間でなくてもいいわけで、これも神様に対する感覚に似ています。

先日、ある女子高の先生から伺った話によると、生徒たちには「3秒ルール」というのがあって、LINEにコメントが届いたら3秒以内に「既読」にしなければならないそうです。だから常にスマホを見ているのだそうです。

11

そのため、修学旅行のときにスマホを禁止にすると、生徒たちは文句をいうどころか、３秒ルールの重圧から解放されて、実に晴れ晴れとしていたそうです。

あるときまでは自分を安定させてくれていたものの、この頃はスマホやケータイを使っているつもりで、逆に使われているのではないかという疑問を感じます。

いずれにせよ、いかに私たち人間は「誰かから承認されたい動物」なのかということを痛感します。

フェイスブックで「いいね！」をもらおうとするのも、他人のコメントに「いいね！」を押して、ソーシャルの輪の中に入っている痕跡を残そうとするのも、承認されたいという気持ちの表れです。

ただ、実際は社会で承認されていないのに、「いいね！」の数を現実社会と勘違いしている人が少なくないのではないかと思います。

あまり難しい投稿には大勢から「いいね！」の承認をもらいにくいので、枝豆とビールの写真に「今日も１日お疲れさま（^^）」といった「いいね！」をもらいやすい投稿をしてしまう。そんなことが続くと、いつの間にか本人の人格まで〝枝豆にビール化〟して、相手に承認されるために、安直な自分をつくるようになってしまうのではないでしょうか。

社会心理学の実験で、あらかじめ学生たちに「先生が右の黒板に書いたらつまらなそうな顔をして、左の黒板に書いたら真剣にノートをとるように」といっておくと、何も知らない先生が、授業をしながら無意識に学生たちの態度の違いをキャッチし、左の黒板にばかり書くようになったそうです。

フェイスブックで「いいね！」をもらえるようにするのも、同じ心理が働いているといえます。

しかし、「いいね！」がとれる程度の人間で済んで、それだけで本当にいいのか？　と思います。今は強烈なカリスマが洗脳するのではなく、「いいね！」的な洗脳が強い時代ですが、「いいね！」と簡単にいえないような深いことを提言できる人のほうがずっと魅力的なのではないでしょうか。

12

悪者を批判して溜飲を下げていませんか？

ぼやきで終わらせず行動を起こす

今の時代は、何か起こればすぐに「悪者」を見つけ出して批判し、排除して溜《りゅう》飲《いん》を下げることでストレス解消しようとする人が多くいます。

ワイドショーでも誰かを悪者として吊《つ》るし上げる際、吊るし上げているコメンテーターたちが視聴者を洗脳しているといえます。

本当に悪者をどうにかしようとか、社会をよくしようと思うなら、悪者を生み出した社会システム自体に言及すべきでしょう。

しかし、そこには至らず、次々に悪者を見つけては、「許しがたいですよね」「社会の敵です」「最悪ですねえ」などとやり玉に挙げて、ただガス抜きをしていても不毛です。

不毛なもぐら叩《たた》きを繰り返すことは、問題を生み出した社会システムから視点をずらすことになるので、悪しきシステムを温存させる悪循環にもつながります。

あるテレビディレクターに聞いた話ですが、街頭でサラリーマンにインタビューをすると、みんな政治評論家や外交評論家や教育評論家のごとく、したり顔で社会問題についてとうとうとコメントするそうです。

しかし、「では、そうした風潮を変えるためにあなたはどんなことをしますか?」と尋ねると、とたんにみんな口をつぐんでしまうというのです。

「これがこうだからけしからん」「あれもこれもまったくひどい世の中ですな」と批評はするものの、ただのぼやきで終わってしまっているのです。

正義の味方ぶっていても、実際は自分の欲求不満のはけ口にしているのに過ぎません。本当の正義の味方とは、まず社会を変えるために、自ら行動を起こす人です。

13

愛が自分の体から
こんこんと
湧き出てくるのを
感じることができますか？

13

愛は出し惜しみせず、流出すればするほど循環する

「愛のマーケット」があるとしたら、この国は愛の出し惜しみが一般化しており、市場に愛が十分に供給されていません。

そのため、愛に飢えた人たちが、池の鯉のように口をパクパクさせて愛という名の餌が投げられるのを待っています。

「あの人からも愛されたい」

「この人からも素敵と思われたい」

「何人から愛されるか」

誰から愛されるかということが基底になっている「とにかく愛をください」状態の人が多く、愛を供給する人が少ないために、市場で少ない愛をとり合ってい

るのです。

愛されたり承認されることより、「何を愛するのか」「何が好きなのか」「何にわくわくするのか」というスタンスを大切にする人は、場にエネルギーを与えていくことができる人です。

自分の中からこんこんと湧いてくる愛のエネルギーを他者や社会に惜しみなく与えることができる人は、自分が「愛の源泉」であるという感覚のある人です。

逆に、愛を出し惜しみする人は、自分の中の愛情が不足している人です。

実は、愛は使えば使うほど湧いてくるものなので、自分の中の愛が欠乏することを恐れず、どんどん使うことです。

それは昔から世界の至るところでいわれてきました。キリスト教は愛の宗教と呼ばれています。イスラム社会でも他者がよろこぶことをすればするほど、徳を積むことになる「喜捨《きしゃ》」という考え方があります。そして仏教の「慈悲」も苦しんでいる人を救うことで自分も救われていくという教えです。愛は流通すればす

13

るほど増幅していくのです。

そもそも、愛とは「流れ」であり「ストリーム」です。

自分の中で愛が流れている感覚が実感できれば、愛をもののように溜め込もうとか、「今日は三つも愛を出したのに、一つしか返ってこなかった……」などという出し惜しみの発想はなくなります。

愛を豊富に流出させている人は、とても魅力的です。結果的に「愛されたい」という人よりも愛されることになり、心地よい愛のストリームをつくっていくことができます。

Chapter3

向こうから来ることを楽しむ

14

頭も心も魂も使わない「楽な言葉」ばかり使っていませんか？

44

「楽な言葉」を使わないようにすると、一歩前に進み出せる

「もっと成長したい」

「何か新しいものを発見したい」

そう願っているのに、それに対してエネルギーをかけたり、冒険しようとしない人が大勢います。口では「成長したい」といいつつ、実は「今のままのほうが楽」「自分を変えたくない」とどこかで思っているからです。

世の中には、自分の心で感じたり、自分の頭で考えたりしなくてもいいような、お決まりの「楽な言葉」があふれています。

例えば中学生に声をかけるとします。

「どこの高校を受験するの？」「へえ、いい学校だね。勉強頑張ってね」という

のと、「今、君が一番燃えることって何？」「へえ、おもしろそうだね！　もっと詳しく教えて」というのと、どちらが自分の感性や思考を使っていると思いますか？

前者は、学校のレベルや学生は勉強すべきというステレオタイプなことを話題にしているだけで、実は自分の頭や心を使っていません。

自分の感性や思考を使わなくても済む楽な言葉ばかり使っていると、エネルギーは省力化できるかもしれませんが、いつまで経《た》っても自分を変えられません。

かくいう私も、先日、友人と飲みながら世間話をしていたのですが、ふと、「これって、いかにもガード下で酔っぱらったオジサンたちが会話していそうな内容だよなあ……」と気づいてはっとしました。

私たちは、常に自分の言葉で話しているつもりでも、知らず知らずのうちに受け売りや馴れ合いで話をしていることが多いものです。

自分独自の考えであっても、いつもルーティン化したことばかり話していれば、

44

それはただの「ネタ」に過ぎなくなってしまいます。

人間はとかく自分が楽な生き方を選びがちですが、それを破るようなエクストラなエネルギーを使うことで、生きていることを実感できます。それが、その人の成長にもつながるのではないかと思います。

「これは本当に私の言葉だろうか？」

そんなふうに、ときどき自分自身に問いかけてみるようにしましょう。

また、人はツーカーで楽な言葉を使う相手といると居心地よく感じるものですが、ときには「何でそんなことをいうの？」というような〝楽な言葉を使わない人〟とあえて付き合ってみるべきです。

そうでないと、人生がどんどんつまらなくなってしまいますから。

楽な言葉を使わず、自分自身の頭と心と魂を駆使した言葉を相手が話すと、カチンと底が上がるような印象を覚えます。

同時に、「今、この人は自分の足で一歩踏み出したな」と感じるはずです。

15

最短コースを進み毎日同じ景色しか見ていない人が本当に人生の勝利者ですか？

15

時間ではなく人生のコストパフォーマンスをよくする

私たちは、毎日、家から駅に向かうとき、最短距離を通って1分のムダもなく駅に到達することをよしとしがちです。

もしうっかり別の道を使ってしまい、駅に到着するのが2、3分遅れてしまったりすると、何だか腹立たしい気さえしてしまいます。

しかし、最短コースだけを効率よく突き進んで、毎日同じ景色しか見ていない人が、本当に人生の勝利者といえるのでしょうか?

アメリカの人類学者カルロス・カスタネダが、インディアンの呪術師から聞いたという、現代人の姿を象徴するこんなエピソードを語っています。

その呪術師いわく——「今日も幽霊にたくさん出会ったよ。彼らはひたすら目的地に着くことだけを目指して歩き、周りの風景をまったく見ていないんだ。でも歩くということは、一歩一歩の充実が積み重なって目的地に着くことであって、ただ目的地に着くことだけが目的じゃない。それがわかっていないから、彼らは幽霊になるのさ」と。

実際、慌ただしく目的地に向かうとき、「周囲の景色を見る余裕なんてない」という人が多いのではないでしょうか。

しかしそれは、例えば「今日も8時に駅に着いて電車に間に合った」といった一つの意味を消費しているのに過ぎず、駅に向かう過程から何かを感じ取るという意味はばっさりカットして、省エネ化してしまっていることになります。

そうすれば、時間的なコストパフォーマンスは確かにいいかもしれません。

しかし、人生のコストパフォーマンスもいいとは限りません。

なぜなら、人生にはたくさんの味わいがあるのに、時間的コストパフォーマンスという意味だけを優先して繰り返すことで、他の豊かな味わいが阻害されてしまうからです。

最短コースで行かなければならないときは、最短最速で効率よく行くことが必要ですが、ときにはゆるめて遊びを楽しんでみる——その二つができてこそ、味わい深い人生につながるのではないかと思います。

少し飛躍しますが、これを恋愛に当てはめて考えてみると——

例えば婚活。仮に結婚に至らなかった場合、人生の最短コースを求める人は、「こんな男のせいで、貴重な20代後半を棒に振ってしまった！」とか「彼女と一緒にいた時間は全部ムダだった！」などと考えがちです。

しかし、「彼のおかげで、自分の世界が広がった」「彼との別れを通して、人を見る目が養えた」「彼女と知り合って、自分がどれほど孤独に弱い人間かを知ることができた」というふうに、失敗して回り道をしたことで人間的に奥深くなったり、人生に味わいが増すこともあるのではないでしょうか？

日本人は、仕事だけでなく、遊びも効率よくこなそうとします。

「ハワイに行ったら、午前中はビーチでシュノーケリングとジェットスキーをして、午後はランチの後にショッピングセンターでお買い物をして、夕方は話題のレストランでディナーを満喫して、1日中ギンギンに遊び倒すぞ！」

人生もその調子で、「婚活してイケメンセレブをゲットしたら、妊活して子どもを産んで、そしたら次はお受験よ！」などと、目的をとげるべく最短コースをひた走ることこそが、人生の勝ち組と考える人がいます。

目的を決めることとは、とても大事です。

しかし、ただ効率を優先して一方的に突っ走るのではなく、向こうから来ることも楽しむ余裕を持ちたいものです。

ときには、自分を偶然の中に投げ出してみるのもいいでしょう。そうしたことから得られるインスピレーションを大切にすると、今までとは違った世界が見えてきます。

16

合理性だけを優先して「不純物」をばっさり排除していませんか？

自分は矛盾を抱えた「不純物のかたまり」である

合理的なことを優先する世の中では、雑多なことを「不純なもの」として考えてばっさり排除しがちです。

しかし、私たちはまずは自分自身も「不純物のかたまり」であることを認識しなければなりません。

こんな心理学の実験があります。眼科で眼の検査をするときに覗《のぞ》くような検査器に、左右異なる絵を仕込んでおいて、被験者に「左側の絵だけ覚えておいてくださいね」といって検査器を1分間ほど覗かせます。

被験者の一方は成績優秀な学生、もう一方は成績が悪い学生です。

数分後、試験官はこう尋ねます。「左右にはそれぞれどんな絵が描いてありましたか？」と。この意地悪な質問に、学生たちはどう答えたでしょうか？

成績優秀な学生の多くは、右の絵のことはまったく答えられませんでした。最初に命じられた通り、左側に描いてある絵しか覚える必要がないと理解し、右の絵は最初から不純物として排除して見ていなかったからです。

一方、成績の悪い学生のほうは、左右両方にどんな絵が描かれていたかをきちんと答えられたそうです。なぜなら覚える必要のない、いわば不純物である右の絵のこともよそ見していたからです。

例えば、短期的なプロジェクトを確実に遂行するような場合、よそ見などせず、必要なことだけをきちんとこなす成績優秀な前者のほうが有利です。

けれど、エリートサラリーマンが仕事で失敗して挫折したとか、急にリストラされてしまったというような場合には、前者は不利です。その道がダメになると、もうそれ以外に道がなくなってしまいますから。

合理的な道から不意にそれてしまったようなとき、前者のようなそれ以外には目もくれない生き方より、後者のようによそ見をして、他にも目を向けていたかどうかが重要になってくるといえます。

頭では、「首尾一貫して優先順位の低い不純物を排除した人生を突っ走るほうが、仕事もうまくいくし、出世も早い」などと考えていても、体は「でも、ちょっと疲れたな」「少しは家族との時間を持ちたいな」などと、ブレーキをかけるようなメッセージを送ってくることがあります。

それでも「いやいや、仕事が何より最優先だから」と自己洗脳して、そうした体の声も不純物として排除している人は、疲労が溜まりがちです。

合理的なことだけをよしとする生き方をしている人は、自分の体の声にも耳を傾けるようにする必要があるのではないでしょうか。

47

他人に嫌われたくなくて、いつの間にか他人の欲求に合わせて生きていませんか？

自ら他人に問いかけていくことで、自分の人生を生きられる

「人に嫌われたくない」

誰もがそう考え、社会の中でできるだけ角が立たないようにふるまっています。

しかし、人に嫌われたくないがための行動が、私たちの生活のどれほど多くを占めているかということに思いを巡らす必要があります。

人に嫌われないために、常に人の目を気にして生きるということは、他者の期待や欲望を中心に生きているということです。

私たちは子どもの頃から、「親は何をぼくに望んでいるのかな」「先生はぼくに何を期待しているのかな」「友達にはどうふるまえばいじめられないかな」などと他者の欲望の中を生きているのです。

17

世の中に処していく「処世術」としては、それでもいいかもしれませんが、「自分の人生をいかに処していくか」ということを考えると、とても満足度の低い人生になってしまいます。

自分の熱い欲求ではなく、他者の期待や欲求に応《こた》える生き方を続けていると、「別にその欲求を満たすのは、自分じゃなくてもいいんじゃないか」という気がして、自分の人生を生きている気がしなくなります。

自己主張のない生き方をしている人に対しては、相手もどこか物足りなさを覚え、嫌われずとも、「何だかつまらない人だな」「別にこの人でなくてもいいや」などと思われてしまいます。

人に対して思いやりを持つというのは日本人の美徳の一つですが、人に嫌われないがための行動は、本当の思いやりとは違います。

自分の人生を生きるためには、他者の欲求に応えるだけでなく、逆に自分から他者に問いを投げかけていく必要があります。

また、自分自身に対しても、「自分は何を欲しているのか？」ということを自問自答しなければなりません。

多くの人は、「100人いれば、100人に好かれたい！」と考えますが、すべての人に好かれようという考え方自体に無理があります。

私が大勢の前で講演しても、「よかったです！」といってくれる人がいる一方、「つまらないことばかりしゃべって」と腹の中で思っている人も恐らくいるはずです。全員がいいと思うわけはなく、肌に合わないと感じる人がいるのは当たり前です。6割が「よかった」と感じてくれれば大成功でしょう。

何かやろうという志を持っている人に対しては、反対意見があって当然です。

あの坂本龍馬だって、今は英雄のようにいわれていますが、幕末の頃には龍馬に猛反対して、その志をくじこうとする人は大勢いたわけです。

明治生まれの女性解放運動家・平塚らいてう達が、女性の参政権がなかった時代に、婦人参政権運動に奔走し、ゼロ対10だった世論を1対9にした、それは大きな成功です。志のある人にとっては、社会に自らの思いを投げかけたことで、それまで誰も見向きもしなかったことをゼロから1にできただけでも大成功なのです。

逆に、志のない人はすべてが他者基準なので、仮に9割の人に好かれていても、「1割の人に嫌われている……」という敗北感を抱いてしまいます。

今の時代は、一人からクレームが来ただけでも、大きな組織がそれに過敏に反応していいなりになってしまったりすることがあります。

しかし、何か新しい試みを行えば、全員がおとなしく納得するわけがなく、反発があって当たり前です。

いつも人に嫌われて生きるのは大変です。しかし、自分の志を通したいここぞというときには、人に嫌われることを恐れない勇気を持ち、自ら周囲に問いかけていくことが大切です。その問いかけによって初めて、自分の人生を自分で前進させることができます。

18

見知らぬ地で、
地図もなく
風を読み、
水を探し当てて
生きていけますか？

たくさん失敗している人は自分自身の感性を信じて冒険できる人

「毎日ぱっとしないなあ」「全然わくわくしないなあ」

毎日同じルーティンワークを繰り返していると、日々の営みを退屈に感じつつ、その枠から一歩外に踏み出したり、自分の知らないところに身を置くことに対して臆病になってしまいがちです。

しかし、過去と同じことをただ繰り返していくだけでは、未来も「過去の裏返し」に過ぎなくなってしまいます。

ルーティンワークに乗っていれば、リスクが少なくて済むかもしれませんが、人生はすべて自分の計画通りに進むものではなく、むしろ予定外のことが起こることのほうが多いといえます。

予定外のことが起こっても焦らず、不確実な状況に置かれても対応できる力をつけるためには、知らない外の世界に踏み出す勇気を持つことが大切です。見知らぬ土地に旅に出て、見知らぬ人たちと会話してみる――というのも、一つの方法です。

といっても、何も荒野に旅立つことはありません。

例えば東京生まれ東京育ちの私は、大阪で地下鉄に乗るだけでもあたふたしてしまいます。逆に、初めて東京に足を踏み入れる人は、迷路のように複雑なメトロの乗り換えに呆然《ぼうぜん》とするでしょう。

あるいは、都市生活者が地下鉄もない片田舎に行ってしまえば、それだけでも未知の体験になります。

旅というのは人生の比喩《ひゆ》でもあります。

見知らぬ世界に踏み出し、自分の感性を頼りに生きるということは、未知なものに対して常に自分自身が開かれているということです。

18

そうしたとき、恐れと勇気、好奇心と安心の綱引きになるかもしれません。

そこで頼りになるのは、誰かがつくった既存の地図やガイドブックのようなものではなく、自分自身の感性です。

だから、常に自分の感性を磨いておくことが大切です。

自分の感性を磨くためには、たくさん失敗することが必要です。

他人がいくらたくさん星を付けているからといって、それだけを信じるのではなく、自分自身の感性を使っていろいろ味わってみて、まずいと感じるものにもたくさん出会って失敗してみないと、本当においしいものの味はわかりません。

人気がある映画や話題の小説だからといって、世の中の評判を鵜呑《うの》みにするのではなく、自らの感性を駆使してたくさんの駄作や名作に触れてみないと、本当の傑作は見抜けません。

若いときにものすごくたくさん失敗をして、そこから多くのことを学んでいる人というのは、感性が成熟している人ともいえます。

感性が成熟している人というのは、冒険ができる人でもあるのです。

「さすがに40歳を過ぎて失敗はできない」「もういい歳だし、冒険なんてとんでもない」などという人がいますが、年齢で冒険を制限する必要はありません。

いくつになっても、新しいジャンルのことを始めるときには、冒険しなければならないし、そこにはリスクも失敗もつきものです。

自分に失敗という経験を与えることができる人は、日頃から自分の感性を磨いて、自分の感性を信じている人です。

自分の感性を信じることができれば、既存の地図やガイドブックに依存せず、見知らぬ地の風を読み、水を探し当てて生きていくことができます。

そこにはリスクもありますが、それ以上の大きなよろこびがあります。

19

自分自身の一番深いところに愛と思いやりがあることを実感できますか？

私たちが生まれて初めて出会うのは、親の愛と思いやり

私が対談させていただいたダライ・ラマは折に触れ、「人間の深い層に、愛と思いやりがある」ということを語っています。

この社会はお金や法律で成り立っていると思っている人がいますが、実は私たちの社会の根底にあるのは、愛情と思いやりです。

「おぎゃあ」と赤ちゃんが生まれた瞬間、両親はその誕生をよろこび、歓迎し、夜中に泣けばおっぱいをあげ、熱が出れば深夜でも病院に走り、常に愛情と思いやりで我が子を守ります。

私たちが生まれて最初に出会うのは、自分の存在をかけねなしによろこび、慈しんでくれる親の愛情と思いやりなのです。

19

だから、どんな人でも、人間として一番深い層には愛情と思いやりが存在しているのです。

成長していく過程で、親との葛藤《かっとう》があったり、親に反抗してぐれてしまったり、ともすれば悪事に手を染めるようなことがあったとしても、その人を玉ねぎの皮のように剥《む》いていくと、その一番コアのところには、やはり愛情と思いやりがあるのです。

ダライ・ラマはこのことを仏教の教えとか、宗教的な解釈として語っているわけではなく、生物学的な事実として語っています。

なぜなら、人間は生まれ落ちたままの状態で放置されて、誰にもかえりみられなければ、生存すらできないわけですから。

今、こうして生きているということは、そうした愛情と思いやりに守られてきたことに他ならないといえます。

こうしたことは、自分が親になると自然に実感できたりしますが、親の愛情を当たり前のように考えている若いときには、なかなか気づけません。

成長して、何かに苦しんでいるとき、「私の核には、愛情と思いやりがあるのだ」ということを思い返せるかどうかが、人としての強さに関わってきます。

「愛の反対は無関心」といったのはマザー・テレサです。

例えば人生の途上で、「あんたなんかどうでもいい」「おまえなんかいなくていい」という冷たい仕打ちに遭い、とてつもなく絶望するようなことがあったとします。そうしたとき、「私の一番深いところには、愛情と思いやりがある。私はそれによって育まれたのだ」ということに立ち返ることができれば、生きていく上で非常に大きな力になります。

また、どんなに怒りや憎しみを覚えるようなひどい人に出会っても、「この人の核にも、本当は愛情と思いやりがあるのだ」と思えば、憎悪を爆発させることなく、相手をゆるせるかもしれません。

これは単に「親のありがたみを思え。親には感謝しなさい」とか「みんなおかげさまで生かされている。だからありがたい」という話ではありません。少しスピリチュアル的な見方かもしれませんが、そもそも世の中には愛情や思いやりという大きなものが遍在しており、それが親にも宿り、親を通じて自分に届けられているというふうにも考えられます。

例えば超絶技巧を披露したピアニストが、「私が演奏をしているのではなく、何か大きなものが私を通じてピアノを弾かせているんです」といったり、神がかり的なプレイを見せたアスリートが「あのときあのタイミングで打てたのは、何かが降りてきて自分に打たせてくれたからです」といったりすることがありますが、そうした感覚に似ています。

私は一神教の信者ではないので、自分は神様に動かされているといった意識はありません。ただ、自分の中から出てくるものは、自分だけのオリジナルではなく、その奥の大きな源泉にあるものが自分を通して現れているという感覚をやはり持っています。

気功や太極拳は、自分自身がエネルギーを出して力むのではなく、気の流れをうまく利用するという考え方です。同じように、自分がエネルギーを生み出すのではなく、世界の中を循環しているエネルギーが自分を通じて流れていくという感覚を持って生きているほうが、疲れません。

なぜなら、自分の中にエネルギーの源泉があると考えると、エネルギーが全部流出すればそこで終わってしまうような気がします。しかし、もっと別のところにある大きな源泉から自分を通して無限に流れ出て循環しているのだと考えると、自分の中のエネルギーが枯渇することはないのですから。

親が赤ちゃんを見て「愛《いと》しい！」と感じるときも、自分がその赤ちゃんを「愛して育ててやっている」という感覚ではなく、その赤ちゃんを通して自分の中に愛情や思いやりが無限に湧き出てくるのを感じているのではないでしょうか。

20

自分のことが好きですか？
自分の好きなことをする時間を持っていますか？

好きなことをする時間を増やせば自分自身のことも好きになる

「私はいいところが一つもなくて、自分のことが大嫌いなんです」

両国国技館で行われたダライ・ラマの講演会で、ある女子学生がこんな発言をしました。すると、ダライ・ラマはこう尋ねました。

「あなたは自分にいいところが一つもないというけれど、自分が楽しいと感じたり、幸せと感じる時間だってあるでしょう？　それはどんなときですか？」

「えっと……お菓子を食べているときや、友達と話しているときは楽しいです」

女子学生がそう答えると、ダライ・ラマはいいました。

「じゃあ、その楽しい時間を増やしなさい。自分が嫌だと感じる時間をできるだけ少なくして、自分が好きだなと思うことをする時間をどんどん増やせば、自然にいろんなことが好きになって、自分のことも好きになりますよ」

私はその答えを聞いて、驚きました。

その人が「楽しい」「幸せ」と感じる方向に向かえば、自《おの》ずと嫌いな流れから好きな流れを見つけることができる。この、ダライ・ラマのアドバイスは楽観的ですが、非常に実用的です。

セラピストに何か悩みを相談すると、多くの場合「子どもの頃、お父さんやお母さんとの間にどんなことがありましたか?」と、幼少時のトラウマから問題点を探っていきます。

私自身もそうしたセラピーを受けたことがありますが、どこで問題が起こったのかを遡って解決していく方法が効力を発揮する場合も確かにあります。

親から本当にひどい虐待を受けたことがあるような人は、深刻なトラウマを克服することによって、前に進めるようになることもあるでしょう。

しかし、人は誰しも幼少期に遡れば、何かしら親との葛藤があるものです。

「ミュージシャンになりたかったけど、父にバンドをやることを禁止されて、仕方なくサラリーマンになった。それがオレが挫折した原因だ！」とか、「物心ついた頃から母親にガミガミいわれ続けたせいで、自分に自信が持てなくなってしまった。全部母親が悪い！」などと、何でもかんでも親のせいにしてしまえば、誰でもアダルトチルドレンになってしまいます。

そうすると、「おまえのせいで、私はこんなにひどいことになってしまったんだ！」と、人のせいにすることが主目的になってしまい、いつまでも「ひどい状態の自分」をやめようとしなくなります。

自分以外の人のせいにして、そこから動こうとしなければ、それ以上前進することはできません。

マイナスの感情で自分自身を縛るのではなく、ダライ・ラマのいうように、自分が楽しいと感じるプラスの時間を増やしていくほうが、その人にとって幸せな方向に進めるのではないでしょうか。

Chapter 4

ぶれることを恐れない

21

大きな苦しみの中で孤立していませんか？

思いのままにならないことを共に苦しむことで、かけがえのない絆が生まれる

自分が絶好調で羽振りのよいときには友人も大勢寄ってくるかもしれませんが、自分が不調のときに付き合ってくれる友人というのはとても貴重な存在です。

かつて私が小学生だった頃、貯金箱を壊し、百円玉をかき集めて友人に駄菓子やコロッケをふるまったことがあります。たくさんの友達が寄ってきて、大勢でわいわい楽しかったのを覚えています。ただ、そのときに友達を引き寄せたのは、私自身ではなく、私が握りしめていたお金や食べものだったのかもしれない。

しかし、もし自分が病やアクシデントで絶不調になり、「この人と付き合っても、何のメリットもない」という状況になったときに助けてくれる友人はどれほどいるでしょうか？

私は学生時代に精神的に滅入ってカウンセリングに通うようになり、大学も留年してしまったのですが、そんな私に付き合い、悩みを分かち合った友人との間で生まれた絆は一生ものです。

仏教では、人の苦しみを「生老病死《しょうろうびょうし》」といいます。四苦八苦《しくはっく》の「四苦」に相当するものです。なぜそこに「生」も入っているかというと、老いや病、死と同じく、生きることも人の思い通りにならないからです。

つまり、この世界のすべてが苦であるということであり、これを仏教では「一切皆苦《いっさいかいく》」といいます。「世の中がすべて苦である」と聞くと、非常に暗い教えのように思われるかもしれませんが、そうではありません。思いのままにならないのが当たり前で、それに気づくことで苦しみから救われるという考え方です。

また、生老病死の苦に向かい合ったときこそ私たちは自分を支えてくれる絆に出会います。

そのことに関して、仏教の有名な説話を紹介しましょう。お釈迦《しゃか》様が村から村へ説法に回っていたときのことです。ある女性が生まれてすぐに亡くなってしまった赤ちゃんを胸にひしと抱き、わざわざ遠い村からやってきて懇願しました。

「お釈迦様の力でどうかこの子を生き返らせてください！」

すると釈迦は「わかりました。それでは村の中で死人が出ていない家があったら、そこでケシの実を1個もらいなさい。ケシの実を三つ集めて持ってきたら、生き返らせてあげましょう」と答えました。

女性はすぐさま、死人が出ていない家を求めて村中を駆けずり回りました。

やがて、一軒残らず訪ね回った女性は、釈迦のもとに戻ってきました。

彼女は「死人が出ていない家は一軒もありませんでした。人間は誰しも死ななければならない無常の者であることがよくわかりました」といって、敬虔《けいけん》な仏教徒になりました。

この説話を、哲学者はこう解釈します。

「すべてのものは諸行無常ではかないものなので、それを悲しむのは愚かなことだ。たとえ子どもが死んでも、死は誰にでも訪れるものであるのだから、もう悲しまないで当たり前のことと思わなければならない」と。

この哲学的解釈のバージョンとは別に、「なぜ釈迦は最初から彼女にすべては無常であるということを説かず、わざわざ村中を訪ね回らせたのか?」ということについて考えてみましょう。

死んだ子どもを胸に抱いて「この家には死人が出たことがありますか?」と必死の様子で訪ねてきた女性に対して、果たして村人たちは「うちだって死人が出たよ。帰りな!」などといって冷たく帰したでしょうか?

そうではなく、村人たちはきっと、「うちでも昔子どもが亡くなったことがあるの。あなたの悲しみはよくわかるわ」「うちのおじいちゃんが先日寿命をまっとうしたけれど、生まれたばかりのお子さんを亡くすなんてさぞ無念だったでしょう」といった温かな共感やなぐさめの言葉を女性にかけたはずです。

つまり、その女性は村人たちと触れ合うことで、人はみな苦しみを抱えて生きていかなければならないけれど、互いに苦しみを抱えているからこそ、共に頑張って生きていくことができるという大きな「絆」に気づくことができたのです。

釈迦は、すべては無常であることを単に頭で理解させるのではなく、その絆の存在を感じてもらうために、あえて女性に村中を回らせたのです。悲しみに暮れる女性を「孤立」させなかったところに、釈迦の慈悲深さがあります。

すべての人間の苦しみというのは、苦しみの中で孤立してしまうことにあります。しかし、どんな苦しみであっても、「一緒に苦しんでくれる人がいる」という絆を感じることができれば、人は癒されます。

震災や津波で大切なものを失った人たちが感じているような、とてつもない苦しみは簡単に癒されるわけではないかもしれませんが、それでも、そこに思いやりを持つことで、苦しみの中での孤立を防ぐことができます。

苦境の中に、人生を見直すチャンスがあり、苦悩の中から生まれる絆は、かけがえのないものになるのです。

22

目に見えるもの
だけを追って
未来を想像することを
忘れていませんか?

22

未来を想像できない人は、未来を失う

現代社会では、目に見える物質や数値が一番確かなもののようにいわれます。

もちろん、そうしたことも重要ですが、それだけがすべてではありません。

目の前にないものをイメージできる想像力は、人間の最も優れた能力です。

もし人間に想像力がなければ、人生はもっと即物的で味気ないものになってしまうでしょう。想像によって生じる悩みもあるかもしれませんが、それ以上に人生に大きな豊かさをもたらします。

今はない姿を夢見ることも、想像力のなせる業です。

「大きくなったら王女様になるの！」

私の娘は鏡の前で、そう目を輝かせていいます。やがて、それがかなりデフォルメされた想像であることに気づくのかもしれませんが、わくわくするような未来への希望は、現実をデフォルメすることで初めて生まれます。

未来を夢見て歩み出すということは、とてつもなく豊かなイマジネーションの世界といえます。

物語を創作する作家も、無から創造する芸術家も、豊かなイマジネーションを紡ぐことができなければ成り立ちません。

アンデルセン童話の『マッチ売りの少女』は、大晦日《おおみそか》の夜に少女が寒さとひもじさに耐えかねてマッチを1本、また1本と擦るたびに、温かな暖炉やごちそうの幻影が見え、ついには亡くなったおばあさんの姿が見えます。そして、ラストにはおばあさんに抱かれて天国に旅立ちます。

精神医学の本の中には、『マッチ売りの少女』の見た幻影を「白日夢」と解釈している説もありますが、この物語が非常にせつなく救われないのは、マッチ売りの少女が現実からも未来からも孤立した中で想像の火を灯していたからです。

22

もし、マッチ売りの少女が複数いて、苦悩をシェアできていたら、イマジネーションの力を未来につなげることができ、救われたかもしれません。

見えないもののエネルギーを感じ、見えないもののエネルギーを受け取り、それを自分の中だけに溜め込むのではなく、未来へと振り向けていく——そのようなつながりの中にあるとき、人は煮詰まった現実を脱することができるのです。

イマジネーションの世界を侮らず、現実の自分を超えてイマジネーションの世界を未来につなげていける想像力を持ち続けている人はとても強い人です。

逆に、今の現実しか見えず、未来を想像できない人は、未来を失います。

まだ現実化していないことであっても、現実を超える未来を想像して、そこに向かって行動を起こしていくことが大切です。

23

癒されることに依存していませんか？

23

「私を癒し、世界を癒す」という能動性を持つ

「癒し」という言葉は、今では当たり前のように使われていますが、約25年前までは、「癒す」という動詞は使われても、「癒し」という名詞が使われることはまずありませんでした。

私が1990年に書いた著書『スリランカの悪魔祓《ばら》い』の中で「癒し」という言葉を使った際、精神科医の先生が書評で「癒しという言葉は著者の造語だろうか?」と書かれたのを今もよく覚えています。

「私を癒し、世界を癒す」という思想は、当時、社会的に話題を呼びましたが、今よりももっと能動的な意味を持っていました。

「私を癒し、世界を癒す」とは、絆を取り戻して世界をもっと生きやすい場所に

し、傷ついている自分自身も癒してあげようという意味で、この二つはセットだったのです。

しかし、それが世の中で一人歩きを始め、「世界を癒す」の部分が外され、さらに「私を癒し」の「私」という主体的な部分が切り捨てられ、単に「癒されたい」という受動的な言葉に変わってしまったのです。

そうなってしまうと、もはや「世界を癒すこと」は関係なくなり、「癒し」＝「癒されたい」というとてつもなく狭い自己愛的な言葉に堕してしまいます。

そして、「私を癒してくれるものは何かしら？」というニーズに応えるべく、世の中にさまざまな癒し商品が現れたのです。

私もアロマセラピーやマッサージ、温泉といった癒しは嫌いではありませんが、単に疲れてかわいそうな自分が、お手軽に癒されて気持ちよくなって満足しているというだけでは進歩がないと思っています。

癒されたその先で、自分は何をすべきなのかということを考えなければ、世界を癒すことはできません。

「私を癒し、世界を癒す」という思想には、「自分自身の中に世界を癒す力を発見する」という意味もあったのですが、「癒される」という受け身の発想になってしまうと、「自分には癒す力もなく、常にエネルギーが不足している状態だから、癒す能力を持った人や効き目のある癒しアイテムに頼ろう」という依存に陥ってしまいます。

癒しに依存するようになると、「あなたは無力だから、これで癒されてエネルギーをチャージしないと、ストレスが溜まってダメになってしまいますよ」というカラクリにますますはまってしまいます。

癒しブームの背景は、数字ばかり問われるような組織体制など、ストレスフルな社会構造にも大きな要因があります。

しかし、そうした仕組み自体を変えて、もっと生きやすい世界にしようという方向には意識が向かわず、多くは一方的に癒しを消費するだけに終始してしまっているのです。

「会社で苦手な上司にねちねちいわれてストレスが溜まりまくったから、ヒーリングサロンでマッサージしてもらって、家でアロマキャンドルの香りに包まれて、アロマバスでのんびりしたら癒されたぁ～」などといいつつ、翌朝、満員電車にゆられて出社したら、また苦手な上司にねちねちいわれてストレスが……これではいつまで経っても堂々巡りになってしまいます。

人生には、日々のストレスを解消するような小さな癒しだけでなく、長年背負ってきた肩の荷をおろすような「大きな癒し」があります。

ただし、大きな癒しは、人生に2度か3度といったところでしょう。

また、小さな癒しをいくら重ねても、人生のターニングポイントになるような大きな癒しに変わることはありません。

もちろん、激しく疲れ、傷ついているときは、自分をきちんと癒すことが必要ですし、たとえ小さな癒しでもほっとするものです。

ただ、癒されてエネルギーが上がると、癒しに対する依存度も増します。そして、「もっと癒されたい」という欲求が肥大化していきます。その欲求に溺《おぼ》れてしまえば、いつまで経っても精神的には満たされません。

この不毛なサイクルのベースになっているのは、自分自身から流出するエネルギーがないという問題です。

自分の中から流出するエネルギーによって、世界も自分自身も変えていこうという発想に意識を振り向ければ、エネルギーの流れも変えていけます。

客観的に見ても、「私を癒して」と依存するだけのエネルギー不足の人より、「私を癒し、世界を癒す」というエネルギーにあふれた能動的な人のほうがはるかに魅力的に見えるはずです。

24

執着を全部捨てれば自由になれると思っていませんか？

執着を捨てるとは、無関心になることではない

日本では一般に、「執着を捨てる」ということは、「すべての価値判断から自由になり、心に平穏が訪れること」と思われています。そこには、執着そのものが自由を束縛するものであるという考え方がベースにあります。

しかし、ダライ・ラマは、「悪い執着は捨てて、よい執着を持つべき」と語っています。例えば「お釈迦様をライバル」と考え、お釈迦様ほどの慈愛の心を持った人間になりたいとこだわりを持つことは、いい執着であるといっています。

悪い執着とは、他人から搾取《さくしゅ》したり傷つけるようなことへの執着で、よい執着とは、「自分をもっと向上させたい」とか、「もっとよい社会をつくりたい」といった自分や社会の成長に対する執着です。

日本の禅の教えでは、すべての執着を超えて、悟りの境地に至ることをよしとするようなところがありますが、私たちはそんなに簡単に悟って何もかもきれいに解消できたりはしません。

例えば、大自然に沈む息をのむような雄大な夕陽に遭遇して、その瞬間に「ああ、宇宙の真理はここにある！」と悟りの境地に至ったとしても、帰路に着く頃には、「ところで、今夜は何を食べようか？」と考えたりするものです。

ただ、燃えるような夕陽を見て何かを悟ったという強烈な体験は、その人の中にずっと残ります。同じように、執着から解き放たれた瞬間の体験は、自分の一つの「核」として心に深く残ります。

そうした感覚を大切に持ちつつ、その後もこの世の中で生き続けていく以上、「自分は何に執着し、何に執着しないで生きていくべきか」という価値判断をしていく必要があります。

みなさんもよくご存じのインド独立の父ガンディーは、政治指導者になる以前は、南アフリカに渡り、エリート弁護士として活躍していました。

しかし、後にインド独立運動に目覚めると、スーツを脱ぎ、粗末な綿の衣をまとって禁欲的に生きました。

その生き方は、まるでこの世の執着を一切捨てたかのように受け取られがちですが、ガンディーは執着をすべて捨てたわけではなく、非暴力・不服従によるインドの解放運動に対しては非常に執着していました。

それが、彼にとってよき執着だったからであり、その執着がガンディーをガンディーたらしめたのです。

よい執着まで失ってしまうと、「別に何でもいいじゃないか」という無関心につながり、ニヒリズムに陥ってしまいます。

社会に対して反対の声をあげる人は反社会的な人と思われがちですが、「社会をよくしたい」という執着を持っている人であって、「社会のことなんてどうでもいい」という社会に無関心な人より社会的です。

もし自分がよき執着や信念を持っていても、それが他人の信念と異なれば衝突することもあります。多様な信念があるということを認めた上で、どうやって共に暮らしていくかを考えるべきでしょう。


「ガンディーがいたって、結局、インドの貧困はなくなっていないじゃないか」

「マーティン・ルーサー・キングがいたって、黒人問題はなくならないよ」

「ブッダやキリストがいても、結局、世界から戦争はなくならないさ」

「ジョン・レノンがいたって、結局、世界は平和になっていないじゃない」

よくそういうことをいう人がいます。しかし、ガンディーらのようなよき執着を持ち続けた人がいたから、世界はこの程度の苦しみで済んでいると考えるべきです。

彼らのような存在を心の支えにして平和に生きている人たちが大勢いるから、戦争や暴力がこの程度で収まっていることを推して知るべしです。

24

前に坂本龍馬や平塚らいてうのお話をしたときにもご説明しましたが、どんなに志ある人であっても、１００人いて１００人に支持されるわけはありません。しかし、苦しみ、孤立している人たちを勇気づけたり、社会に一石を投じたりできれば、それはとてつもなく大きなことなのです。

25

孤独な人に、悪魔が憑く――日本人は、みんな悪魔憑き？

25

独りぼっちより、群衆の中にいるほうが孤独は深い

私は20代後半の頃、スリランカに約2年間滞在し、現地の民族仏教儀礼である「悪魔祓い」の儀式によって、人がいかに病から回復するかを研究しました。

「悪魔祓いなんて、何だか血なまぐさい儀式なのでは？」と思われるかもしれませんが、ユーモラスな仮面をかぶった悪魔たちによる笑いあり踊りありの〝悪魔のお笑い演芸会〟ともいうべきもので、大変にぎやかなお祭りです。これによって、精神的に落ち込んでいる人や、塞《ふさ》ぎ込んでいる人を村人たちが一体となって癒すのです。

ではなぜこの儀式のことを、「悪魔祓い」などというのでしょうか？

それは、スリランカでは、「孤独な人に、悪魔が憑《つ》く」「孤独な人に、悪魔のま

なざしが来る」と信じられており、他人から悪意のあるまなざしで見られたり、無視されていると感じると、その人を悪魔が襲ってとり憑いてしまうと考えられているからです。

悪魔祓いの儀式では、そんな孤独に病んでいる人に、村人たちだけでなく、遠方から駆けつけた親戚縁者も口々に温かな励ましの声をかけます。

そして一連の儀式の最後に、悪魔自らが病んだ人に「おまえ、病気なんだってな?」と尋ねます。病んだ人が「はい」と答えると、悪魔は「もったいないから、その病気を一生持ってろよ」といいます。

村人がどっと笑うと、悪魔が「じゃあ、病気はもうおしまいにするか?」と尋ねます。そこで病んだ人が「はい、もうおしまいにします!」と宣言すると、悪魔は「わかった。じゃあお別れだ!」といって去っていきます。

この儀式を通して、みんなと一緒に場を共有して笑い合い、大勢の温《ぬく》もりに触れることで、孤独に病んだ人に思いやりに満ちたまなざしを回復させるのです。

25

帰国した私は、ふと自分の周りを眺めて、「もしかしたら、日本人こそ悪魔憑きなのでは……？」と感じました。

都会のラッシュアワーでは、ぎゅうぎゅう詰めの満員電車の中で、互いに「これは人間ではなく、物体なんだ」とでもいうように無関心を決め込みます。すし詰め状態の中で、すぐ隣にいる見知らぬ他人に変に関心など持たれたくないし、逆に他人の内面にいちいち関心を持つのも疲れるというのもわかります。

しかし、セラピーの根本が「これは物体ではなく、温かい血の通った人間なのだ」と実感することだとすれば、これは一種の〝逆セラピー〟です。

満員電車でも繁華街でも、大勢の人に囲まれつつ互いに無関心な日本人は、孤独な悪魔に憑かれているといえるのではないでしょうか？

かつて私はテレビ番組でアイドル全盛時代のモックンこと本木雅弘さんと対談したことがあるのですが、彼はそのときにこんな印象深い言葉を語っています。

「大勢のファンに囲まれていても、みんなが見ているのはぼくの虚像であって、誰も本当のぼくを見ていない。人間は大勢の中にいるときのほうが孤独なんじゃないでしょうか?」

彼のいう通り、人間は単に物理的に独りぼっちのときより、自分に無関心な群衆の中にいるときのほうが孤独が深いといえます。

スリランカの悪魔祓いの儀式の場合、無関心な群衆とは逆の、自分を思ってくれる人々の温かなまなざしが、孤独の病を癒していくわけです。

しかも、その様子を村の子どもたちも見ているので、「もし自分が病んでも、こうやって悪魔祓いをすれば元気になれるんだな」ということをシミュレーションできます。そうした意味でも悪魔祓いの儀式は重要なのです。

では、悪魔祓いのない日本の子どもたちは、「自分がやばいことになったら、どうなるんだろう?」と考えるとき、どんなことを思い浮かべるでしょう?

不登校、引きこもり、自傷行為、いじめ、うつ、自殺、「誰でもよかった」という無差別殺人……。自分を傷つけるか、他人を傷つけるというモデルケースしか思い浮かばないのではないでしょうか。

「悪魔祓い」というと、「未開の部族の話でしょ」などと思われるかもしれませんが、実は日本より、儀式によって病を回復する道筋を子どもたちに示せる悪魔祓いのある村のほうが人間的な社会といえます。

私たちは孤独になったとき、孤独の苦しみを隠すのではなく、その苦悩をどうやって克服できたかという体験を、もっと子どもたちに示す必要があります。

それによって、子どもたちは「そうか！　絶望的な状況に置かれても、そんなふうに乗り越えられるんだ」ということをシミュレーションできますから。

私の娘の小学校の若い先生は、「私は高校時代に金髪にしていて、親にすごく反発していたのよ。でもいろいろ学んで成長して、こうして先生になることができて幸せ」と話したそうです。この先生のように、自分が救われた体験を子どもたちに語ることも、現代における悪魔祓いの一つといえます。

26

右でも左でもない道を選ぶことができますか？

「西洋と東洋」「伝統と現代」のいいとこ取りをしよう

その昔、釈迦は小さな王国の王子として生まれ、何一つ不自由のない裕福な生活を送っていました。しかし、その豊かで享楽的な生活の中からは、釈迦が真に求める人の幸福は見出せませんでした。

そこで、釈迦はそれまでの生活を一切捨てて出家し、数々の修行を行います。けれど、ガリガリになるまで断食と苦行をしても悟りは開けず、やせこけた釈迦が息も絶え絶えになって川のほとりに座っていると、スジャータという娘がミルクのたっぷり入ったお粥《かゆ》を彼に差し出しました。それをいただいた釈迦は体力が回復し、菩提樹の下で瞑想《めいそう》をして悟りを開くことができました。

仏教では、極端に偏らないようにすることを、「中道」といいます。つまり、極端に享楽的な生き方をしても、極端な苦行をしても悟りは開けず、中道を行くべしということです。

余談ですが、ダライ・ラマは、ある国際会議で太ったお坊さんがたくさんやってきた際、「中道という教えをご存じだと思いますが、あなたたちも一度断食をされてみてはいかがでしょうか？」と強烈なジョークをいったのですが、太ったお坊さんたちは誰一人笑わなかったという場に私は立ち合ったことがあります。

中道の考え方は、仏教に限らず、私たちの生活にも置き換えることができます。例えば東洋的な文化を愛《め》でつつ、西洋的な文化も楽しむとか、あるいは伝統的な行事を行いつつ、現代的な味付けをするというふうに考えてみれば、この日本は中道の国であったともいえます。その中道が経済一辺倒になって見失われていることが問題です。

右とか左というと、政治思想的な側面でとらえる人もいると思いますが、ここでいう中道とは、政治的な意味とは意を異にします。

ちなみに、日本で愛国心を強調する人の多くが排外的で、内側からの絆を持った愛国心ではないことが気になります。

私にも愛国心がありますが、隣国を敵対視するような狭いナショナリズムを信奉する愛国心とはまったく違います。日本固有の自然の中にあって、人と人が深い絆で結ばれ合っている――その人間関係の集合としての日本を愛しているという意味での愛国心です。

人間は首尾一貫したものを求める傾向があるので、政治でも宗教でも、どんどん突き詰めていくと原理主義化し、他のものを認めなくなっていきます。

例えば、テロなど極端な活動を行うイスラム原理主義がよく批判されますが、「時は金なり」といった近代合理主義をどんどん突き詰めて、「とにかく効率よくお金儲けするのが一番！」という考え方に偏るのも、合理主義という名の原理主義に侵されているといえます。

人間の多面的なあり方を、一面的な価値だけを優先して、あとはペチャンコに抑圧してしまうような極端な状態というのは、断食しても悟りが開けなかったときの釈迦のようでもあります。それでは、必ずどこかに無理が生じてしまいます。どちらか一方に振り切れてしまうのではなく、左右にぶれながら、中道を模索していくことが大切です。

左右にぶれることは、決して悪いことではありませんし、中道を行くことが中途半端を意味するわけでもありません。

例えば、20代のときに考えていたことが、成長して30代、40代になったとき、まったく別ものになっていたとしても何ら不思議ではありませんよね。人生が上り坂のときと、下り坂のときに、異なる思いを持っているのは当然です。

何ごとも首尾一貫して絶対にぶれないのがいいわけではなく、人間は生きている以上、ぶれるのが当たり前なのです。

自分のぶれも、他人のぶれも認めながら、中道を歩みましょう。

Chapter5

ニコニコ笑って生きなくてもいい

27

私たちはみんな使い捨てですか？

使い捨てにしていい人なんて一人もいない

今から10年ほど前、「人を使い捨てにする」という言葉がやたらと使われていました。当時の小泉首相の「この頃、世の中で使い捨てという言葉が流行《はや》っているようだが、君たち議員も落選すれば使い捨てなんだから」という発言を耳にし、私は大きな憤りを感じました。

あろうことか一国の首相が、まるで使い捨てライターのように、人間を使い捨てにするという表現を平気で口にしたことに呆《あき》れました。その後、小泉チルドレンは本当に使い捨てになり、首相たちも次々に使い捨てになっていったのです。

ところがその発言直後に、使い捨てといわれたワーキングプアの非正規雇用者たちの間での小泉首相の支持率が上がったのです。彼らは「オレたちだけじゃなく、みんな使い捨てといってくれた！」と溜飲を下げたのでしょう。もちろん、そんなところに共感され、支持率が上がるような政権の国は、とても不幸な国です。

人の使い捨てが当たり前の社会になると、例えば親が子どもに「おまえは使い捨てなんだから、今のうちにせいぜい頑張れよ」といったり、先生が卒業生に「君たちは使い捨ての気概を持って仕事に励んでください」と訓示をたれるなど、まるでギャグのようなおかしな世の中になってしまいます。そんな国や社会が長続きするはずがありません。

小泉政権時代の2006年に、東京工芸大学の授業で「人間は使い捨てだと思いますか？」と尋ねたら、200人の学生のうち約半数がイエスと答えました。そして学生たちには毎年あるアンケートをとっているのですが、その年の結果に私は驚きました。アンケートの質問は次の通りです。

「あなたが大学を卒業してある企業に勤めたら、東南アジアの工場に赴任することになりました。その工場からは、実は川に毒液が排出されており、下流では住

27

民たちが赤ちゃんからお年寄りまで原因不明の病気になったり亡くなったりしています。

あなたはそれを知って工場長に、今すぐ毒液を止めるように直談判に行きます。ところが工場長は、『そんなことをしたら警察に捕まるのはオレたちだよ。毒液を流すことを決めたのは前の前の前の責任者だし、ここは一つ知らなかったことにして任期を終えるのが企業人というものだよ』といって、あなたをまるめ込もうとしました。さて、あなたはどうしますか？」

選択肢は次の三つです。

1　名前を出して内部告発する

2　匿名《とくめい》でリークする

3　何もしない

小泉政権時代の2006年のアンケート結果は、名前を出して内部告発が3人、匿名リークが15人、何もしないが180人でした。

「自分の勤めている工場の毒液で人が死んでいるんだよ！　本当に何もしないのかい？」と、180人の何もしないと答えた学生に問いただすと、彼らは顔を見合わせて「いうわけないよな」といって首をすくめました。

要するに、名前を出して告発すれば、そこで使い捨てになり、しかしすべては自己責任ということで誰も助けてくれない。自分の立場を守るためには知らないふりをするに限るという考えなわけです。このことは、単に学生たちだけの問題ではなく、彼らを教育してきた親や学校や私たち社会全体の問題です。

人はみんな使い捨てという考え方が浸透している世の中では、社会正義は成り立ちません。人の使い捨てが当たり前になると、日本は死んでしまいます。

小泉政権時代から5年後、東日本大震災後の2011年6月に同じアンケートを学生に行った結果、大きな変化が見られました。名前を出して告発する＝30人、匿名でリーク＝100人、何もしない＝70人となり、告発したりリークするほうが多数派に逆転し、何もしない人が2006年の半数以下に激減したのです。

さらに翌2012年にも同様のアンケートを行った結果、名前を出して告発する＝50人、匿名でリーク＝120人、何もしない＝30人となり、何もしない人の割合は全体の1・5割にまで低下しました。

大震災が起こって日本は大変な被害に見舞われたわけですが、被災者を必死に救助するたくさんの人たちの姿を目にし、「人は決して使い捨てなんかじゃないんだ」ということを実感したのだと思います。

また、安全神話の崩れた原発事故の恐怖を身近に感じ、学生たちは自分の保身のために都合の悪いことを隠ぺいする愚かさに気づき、正義感をかき立てられたのでしょう。

もしも、「自分なんて、どうせ使い捨てだ」と思っている人がいるなら、「人は使い捨てではない。私たち一人ひとりはかけがえのない存在なのだ」という言葉に書き換えることです。そこから世界を見て行動したほうが、自分も世界も幸せになります。

28

自分のことを脱臭・脱色していませんか？

周りの空気ばかり読んでいると、「交換可能」な人間になってしまう

「私のどういうところが好きで付き合っているの？」

「うーん、笑顔がかわいくて明るいところかな」

「何それ？　そんな女の子、別に私じゃなくてもいっぱいいるじゃない！」……とまあ、こんな若いカップルに限らず、私たちは誰しも物心ついた頃から、「自分は他人と取り換えのできない人間でありたい」という欲求を持っています。

自分がやすやすと他人とチェンジされてしまっては、自分が自分でいる意味がわからなくなってしまいます。

しかし、そんな交換不可能な人間でありたいと思っているわりには、自分でなければならないような個性を見せているかというと、「ちょっとクサすぎない？」

「それって濃すぎるよねえ」などといわれるのを恐れて、自らのことを脱臭・脱色して個性を消してしまっている人がよくいます。

しかし、できるだけ空気を読み、周りに合わせ、自分固有のクサみやカラーを隠していては、透明人間になってしまいます。

1990年代に起きた神戸連続児童殺傷事件で、酒鬼薔薇聖斗と名乗る犯人の少年は自分のことを「透明な存在ではないんだ！」と訴え、それに対して多くの少年少女たちが反応しましたが、あれは逸脱を監視する周囲のおとなたちのまなざしの質が子どもたちを自己透明化させていたのだと私は思います。

臭いも色もない無味無臭な透明な人間は、さしさわりがないけれど、その人でなければならない個性もないので、別の人に交換してもさしさわりのない人間になってしまいます。

「あの人はとことん人間クサいけど、憎めないよねえ」

「あの人ってホント濃いけど、おもしろいよねえ」

28

強烈な魅力を放っている人物というのは、そんなふうに独特のクサみや濃さを持っていますが、その分、一目を置かれています。もちろん、そのクサみや濃さを煩わしく感じる人もいるでしょうから、誰からも好かれる人にはなれません。ただ、その存在はよくも悪くも特別で、他人と交換することができません。

他人と交換できないということは、かけがえがないということです。

自分を脱臭・脱色することは、そのかけがえのなさをなくしていることになります。それなのに、「自分は交換不可能なかけがえのない人間でありたい」と願うから、ジレンマが生じるのです。

個性的なことがもてはやされた1980年代～バブル時代は、就活生のいでたちにも個性が見られましたが、今の就活生はみなサイボーグのように均一で無個性です。就活生に限らず、少数派になることを恐れて自分の個性をなくせば、結果的に「あなたでなくてもいい」と思われてしまうということを肝に銘じておきましょう。

29

自分の声をあげず
ローリスクに生きることが
安全と思っていませんか？

ローリスクローリターンな生き方はわくわく感が低い

世の中に疑問を感じてもへたに声をあげず、みんなから疎まれるようなリスクを極力減らして生きることは、一見するとローリスクな生き方のように思えるかもしれません。

しかし、そんな人が増えてしまうと、逆に自分自身の中にも、社会全体にもリスクが溜め込まれていきます。

原発問題しかり、「これは問題なのではないか？」「これは危険なんじゃないか？」と思っても、積極的に声をあげなければ何も変わらず、問題がどんどん見過ごされ、その間にもリスクがどんどん蓄積されていきます。

疑問の声をあげず、波風を立てないように従順を装って暮らすことは、結果として大きなリスクを伴うのです。

また、自分自身の体に不調を感じても、「仕事を休んでみんなに迷惑をかけるわけにはいかないから、鎮痛剤でも飲んで我慢しよう」と、自分の体の悲鳴を押し殺せば、結果的に重篤な病気を見過ごすリスクが増大する可能性があります。

俗に「サトリ世代」と呼ばれるゆとり教育を受けた若者たちは、高度成長期やバブル時代の若者のようにガツガツせず、「ローリスクローリターンが楽でいいや」という傾向がありますが、ローリスクはハイリスクにつながる可能性があることを知っておく必要があります。

変に「自己実現しなきゃ！」と自己を肥大化させていくのは危険ですし、ハイリスクハイリターンを続けるのも至難ですが、リスクを冒さなければ得られないものもあります。

最近は「草食系男子」をはるかに超えて、もう単に「草《くさ》」と呼ばれる男性たちもいるようですが、エロスの優先順位を下げて、恋愛関係がこじれたり傷ついたりするリスクを回避する草食的な生き方も、一種のローリスクローリターンといえます。

また、引きこもりはローリスクローリターンの最たるものです。

ローリスクローリターンの生活を続けていると、いつまで経っても成長しません。傷つくリスクは低いかもしれませんが、わくわく心ときめくようなよろこびや幸せも「ロー」なままです。

すべてのことにリスクを負う必要はありません。しかし、自分がこだわりを持つことにはリスクを負って前進する、それが成長をもたらすのです。

30

利己と利他、どちらを優先したほうが幸せになれますか？

ねたみや憎しみを流通させるより思いやりと信頼を流通させる

どんなに貧乏でも、どんなにとりえがなくても、利他的な精神にあふれた社会に住んでいる人は、とても幸せな人です。

なぜなら、困っている人がいれば、みんな喜んで手をさしのべてくれるので、不安がありません。また、その人自身も、周囲の人を手助けすることでよろこびを得ることができます。

先日、トルコの方にお話を伺ったのですが、イスラム教というとよくイスラム原理主義の暴力性がとりざたされますが、一般的なイスラム教徒にはイスラム教の五徳の一つである利他精神「喜捨」が浸透しています。

トルコの人はみな、どんなに小さなことであっても「今日はこんないい喜捨ができたなあ」と、自分の利他的な行為を思い出しながら眠りに就くそうです。

トルコでは、「人はみな、互いがよくなることを考えている」という利他精神が大前提なので、「たとえ自分がどんなに困難な状況になっても、きっと周りが助けてくれる」というポジティブな信頼感がベースにあります。

そのため、トルコは自殺率が低いことで有名です。

ちなみに、「ラマダーン」と呼ばれるイスラム教の断食月には、〝利他ポイント〟が5倍になるのだそうです。私もトルコのラマダーンのときには、トルコ人のお宅でおいしい手料理をたくさんごちそうになりました。

素晴らしいおもてなしを受けて私たちがよろこぶことで、もてなした彼らも利他ポイントが上がるのでハッピーになるというわけです。

トルコの例に顕著なように、互いに助け合う利他的な精神が流通している社会と、自分さえよければいいという利己的な精神が流通している社会を比べると、利他的な社会のほうが圧倒的に幸せといえます。

精神面での豊かさを指標とした「国民総幸福量」が高いことで知られるブータン王国でも、小さなときから利他的な行為によって徳を積むことで、来世によい輪廻転生ができるという教育を徹底しています。

「そういう教えだから、仕方なく利他的な行為をしているんじゃないの？」とか、「結局は巡り巡って自分の転生のための利己的な行為じゃないの？」と思われるかもしれませんが、たとえ教えであっても、毎日積み重ねていれば、それは日常の当たり前の行為になります。

人のためになる利他的な行為を日常的に積み重ねている人が多ければ、利他的な精神にあふれた幸福度の高い社会になります。

日本では、奇《く》しくも東日本大震災後に利他的な精神の流通量が増えましたが、時代の潮流としては利己的な精神がまさっています。

「もっと偏差値を上げなさい」

「もっと儲けなさい」

そうしたことに躍起になっている人はたくさんいますが、そうやって上げた点数や儲けを社会にどう活かすのかということまで深く考えている人は多くいないように感じます。

いい学校に入るとか、高価なものを買うとか、自分のキャリアやステイタスを上げるという利己的な目的のためではなく、獲得したキャリアやお金をもっと利他的なものに使うことに意識を向ける必要があるのではないでしょうか。

100億円稼いでも利己的なことにしか使わないなら、100万円稼いでその幾らかでも利他的なことに費やすほうが価値があるといえます。

ねたみや憎しみが流通する利己的な社会より、思いやりと信頼が流通する利他的な社会に向かうほうが、巡り巡って幸せになるはずですから。

31

怒りを持たないのはよいことですか？

人を活かす「慈悲の怒り」は持ち続けよう

「怒るのはよくないことです。いつもニコニコ笑って生きましょう」

そんなふうにいう人がいますが、怒るのは本当によくないことなのでしょうか？

ダライ・ラマは、怒りには2種類あるといいます。一つは人を傷つける悪意から生じる怒り、もう一つは人を活かす慈悲から生じる怒りです。

悪意からくる怒り――すなわち、他者を憎み、他者の肉体や精神を傷つけるような怒りは、恨みと復讐を招きます。

しかし、慈悲からくる怒り――すなわち、他者が味わっている理不尽な苦しみに対する怒りや、自分が被っているいわれのない暴力に対する怒り、あるいは世の中を不幸に陥れる社会不正に対する怒りは持ち続ける必要があります。

ただし、誰かに怒りをぶちまけて傷つけたり復讐すれば解決するわけではなく、「なぜそのような許しがたいことが起きているのか？」という原因を探り、それを改善する努力をしていくことが必要です。

アメリカのジョージ・ブッシュ前大統領は、テロリストを全員殺してしまえば世界が平和になるという考えのもと、アフガニスタンやイラクを空爆しました。

しかし、仏教ではどんな人の中にも善と悪があり、「ご縁」によって善や悪が引き出されると考えます。ご縁とは、すべてのものは関係付けられているという「縁起」の考えに基づいています。

縁起の考え方では、主犯のテロリストを追い詰めて処刑してみたところで、根本的な解決にはなりません。

爆弾を抱えて無差別テロを行う冷酷なテロリストを生み続けている社会システムの根本原因を見つけて正さなければ、テロと憎しみと復讐の不毛な連鎖は、いつまで経っても終息しません。

慈悲の怒りを持ちながら、怒りを生み出す状況の根本原因を探ることが大切です。

ちなみに、自己評価が低く、自分自身に対する信頼が薄い人は、あまり怒ることができません。しかし、怒らないからといって、怒りがないわけではなく、そういう人はむしろ怒りを内面に溜め込んでいることがあるので、思わぬところでキレてしまったりする場合があります。

たとえ悪意がなくても、キレた勢いで人を傷つけてしまえば、悪意の怒りと同じです。本来は慈悲の怒りであっても、怒りにまかせて自分自身が暴発しないように、怒りを抑制する必要があります。

32

未来の私は、現在の他人――自分が変わるということは他人になるということ？

自分の殻を破るには、他人にもっと関心を持つ

先日、講演先の広島から東京に帰る際、台風の影響で新幹線内に8時間半も閉じ込められてしまうという思いもよらぬ体験をしました。

そのとき、「今の自分って、台風のときによくテレビで見る、車中に閉じ込められてゲッソリしている客のニュース映像と同じだよなぁ。まさか自分が同じ目に遭うなんて思いもしなかったけど、明日は我が身なんだなあ」とつくづく思いました。

つまり、今は他人事でも、未来には自分事となる可能性があるということです。

私たちはよく「自分を変えたい」といいますが、「自分を変える」ということは、「別の自分になる」ことであり、「現在は他人だと思っている状況の人にな

る」ことであるともいえます。そう考えると、「自分が変わるオプション」を多様に持っているほうが、いざ自分が変わるときに有利です。

例えば、今は自分がマジョリティでも、ときや場所が変われば、自分がマイノリティになる可能性が十分ありえます。日本にいたら人種差別とは無縁の生活を送っていても、海外に行けば露骨な差別を受けることもあります。

だから、マイノリティの人たちのことも、我がことのように知っておくほうが、自分が変わるときに大いに役立ちます。

「地球の反対側で生きている人のことなんて関心ない」と思う人もいるかもしれませんが、今は自分とまったく関係ない人たちのことも、我がことのように関心を持って知っている人のほうが、未来のオプションが増えます。

「自分の殻を破りたい！」といいつつ、他人のことにはあまり関心を持たない人がいますが、本気で自分を変えたいと思っているなら、他人のことにもっと関心を持つようにする必要があるのではないでしょうか。

33

恥ずかしいのは
世間に対して？
それとも
自分自身に対して？

33

他者の評価だけが正しいわけではない

「こんなことをしたら、人様に恥ずかしくて顔向けできない」

「こんなことをしたら、自分で自分が恥ずかしくてふがいない」

同じ恥ずかしいという感情でも、誰に対して恥ずかしいのかによって大きく異なります。

アメリカの文化人類学者ルース・ベネディクトは、『菊と刀』の中で、神様が善悪の基準を決めているのが西欧的な「罪の文化」で、世間から見て恥ずかしくないかが基準なのが日本的な「恥の文化」だと語っています。

多くの日本人は、「そんなことをしたら人様に恥ずかしいから慎みなさい」という、本人より他者から非難されることを教え込む教育を受けて育ちます。

一方、西欧では、「あなたは素晴らしい人間なのに、そんなことをして恥ずかしくないのですか?」という、本人を基準に、本人の存在を尊重する教育を受けて育つことが多いようです。

「あなたは素晴らしい」ということを大前提としている後者の教育は、他者評価を基準にする前者よりも自己評価の高い人間を育てます。

私が授業で学生約200人に訊《き》いたところ、大半は前者でした。後者は全体のわずか約5パーセントで、ヨーロッパからの留学生は全員後者でしたが、後者の学生たちのほうが自分の意見をはっきりと述べることができ、生き生きしている印象を受けました。

あるルーマニア人の女子留学生は、こんな発言をしました。

「日本人はなぜ人前で恥ずかしい恥ずかしいというのでしょう? 私たちは、神様の前で自分が恥ずかしいことをしていないかが重要であって、人の目を気にして恥ずかしいとは考えません。人の目ばかり気にしていると、神様の前で恥ずかしいことをたくさんしてしまいますから」と。

しかし日本人だって他人の目だけを気にしていたわけではありません。一昔前の日本では、「おてんとう様に恥ずかしい」とか「ご先祖様に恥ずかしい」とよくいわれました。

何か人智を超えた存在が見ているから、あるいは顔は見えないけれどご先祖様が見ているから、恥ずかしいことはできないと自分を律する考え方は、単に他人の目線を気にするのとは違います。そうした人間を超えたものからのまなざしが見失われつつあるのは大きな問題です。

私たち日本人は、他者評価だけを基準にするのではなく、もう少し自己評価を高めて自律的に行動する必要があるのではないでしょうか。

もしあなたが親なら、子どもに他者評価だけを押し付けるのではなく、まずその子自身が素晴らしい存在であると伝えることが大切です。

34

「本当の自分」はどこにいますか?

34

「この自分を大切にしたい」と思える自分が核になる

「本当の自分はどこにいるのだろう?」

そんなことを自問自答することはありませんか?

この問いに対して、作家の平野啓一郎さんは、本当の自分について考えると苦しくなるので、この人とはこの自分、この人とはこの自分というふうに使い分けると楽になるという「分人主義」を提唱しています。

しかしそれは、若き日の平野さんや私のような人間にはいいのですが、「そもそも本当の自分なんてどこにもなくて、全部使い分けているだけじゃないか」というのが大前提の人にとっては、ますます本当の自分などどうでもよくなってしまいます。

例えば、ツイッターではこの書き込み、2ちゃんねるではこの書き込み、会社ではこのキャラ、友人とはこのキャラ、彼女といるときはこのキャラ……と、その場その場の空気を読んで、自身を器用に使い分けることに慣れっこになっていて、特に寂しさも自己不全感も覚えないというなら、それでもかまいません。

けれど、どこかで「オレって、いったい何やってんだろう？」とか、「私って、ホントは何がやりたいのかなぁ……」という内なる声を感じたなら、「本当の自分はどこにいるのか？」「一番信じられる自分は、どの自分なのか？」という問題に向き合う必要があります。

ただし、手っ取り早く自分探しをしようと心理学のノウハウに依存したりすると、「本当の自分はコレだったんだ！」などと安易に答えを知ったつもりになったり、「本当の君について教えてあげよう」といったカルトに洗脳されてしまう場合もあるので、注意が必要です。

私たちは、映画や演劇、オペラ、バレエ、アートなどに深くのめり込んでいるとき、絵空事である世界のほうにうっとり魅了されて、「これこそが本当の自分なのではないか?」と感じることがあります。

それは、たとえ虚構の世界での錯覚であったとしても、自分の大切な核に触れる貴重な体験でもあります。

いろいろな自分を器用に使い分けていても、核になる自分がいなければ、その人の成長にはつながりません。

でも、「この私を大切にしたい!」と強く感じる自分がいれば、それを核にして成長することができます。

もちろん「大切にしたい私」は10代、20代、30代と、そして親になったり、人生の苦難に出会ったりしながら、何歳になっても変化していきます。その変化を自分の成長と受け止めて、毎日がスタート地点だと楽しんで生きられれば、人生はとても素敵な旅となることでしょう。

〈著者プロフィール〉

上田紀行（うえだ・のりゆき）

1958年、東京都生まれ。東京大学大学院文化人類学専攻博士課程修了。86年よりスリランカで「悪魔祓い」のフィールドワークを行い、その後、「癒し」の観点を最も早くから提示し、現代社会の諸問題にもテレビ、新聞などで提言を行う。愛媛大学助教授を経て、96年より東京工業大学大学院社会理工学研究科価値システム専攻准教授。2005年には渡米し、スタンフォード大学仏教学研究所フェローとして、「今の仏教は現代的問いに答え得るか」と題した講義（全20回）を行う。06年にはインドで2日間にわたってダライ・ラマ14世と、21世紀における社会の展望と宗教の役割をめぐる対談を行った。12年より東京工業大学リベラルアーツセンター教授。主な著書に『生きる意味』（岩波新書）、『ダライ・ラマとの対話』（講談社文庫）、『「肩の荷」をおろして生きる』（PHP新書）、『かけがえのない人間』（講談社現代新書）などがある。

パッとしない私が、「これじゃ終われない」
と思ったときのこと
「生きる意味」のつくりかた
2015年4月25日　第1刷発行

著　者　上田紀行
発行人　見城 徹
編集人　福島広司

GENTOSHA

発行所　株式会社 幻冬舎
〒151-0051　東京都渋谷区千駄ヶ谷4-9-7
電話　03(5411)6211(編集)
03(5411)6222(営業)
振替00120-8-767643
印刷・製本所　中央精版印刷株式会社

ISBN978-4-344-02759-6　C0095
幻冬舎ホームページアドレス　http://www.gentosha.co.jp/

この本に関するご意見・ご感想をメールでお寄せいただく場合は、
comment@gentosha.co.jpまで。